お母さんのための

日本一わかりやすい男の子の育て方の本

元保育士・子育てコンサルタント
原坂一郎 *Ichiro Harasaka*

PHP

はじめに

「男の子の子育てはターイヘン！」とよく言われます。

男の子、女の子の両方を育てたお母さんも、はっきりと「女の子に比べると男の子は育てにくい」と言います。

それを聞いて、私は、お母さんたちのその大変さに共感しながらも、そう思われながら育てられている男の子が、同じ男として何だかかわいそうになってきました。

男の子の子育ては大変ではありません。

大変どころか、楽しいことがたーくさんあるのです。

よし！　お母さんたちが、男の子の子育てを負担に感じるのならば、そう感じなくなるようにしてあげよう。そうすると、きっと男の子の顔にもお母さんの顔にも笑顔が増える……、そう思うようになったのです。

男の子の子育てを負担に感じる人は、男の子の子育ての中で起こるひとつひとつがおそらく自分のストレスになっている人です。

この本は、男の子を育てる中でやってくるお母さんのストレスが、ストレスでなくなるどころか、笑顔のもとにさえなっていく不思議な本です。

二十三年間の保育士生活の中で出会った何百人もの男の子から聞こえてきた心の声や、いまはもう二十歳と十八歳になる息子と、八歳になる娘たちの姿、そして、かつては「男の子」だった自分の声も参考にしながら書いてみました。

なにより参考になったのが、わが家の「男の子」ども（息子たち、そして私）のお世話（!?）をだれよりも大変そうにしている私の妻の声（特に怒る声!?）です。

むずかしいことは何も書いていません。ただ読むだけで、男の子の子育てがウソのようにラク～になっていく不思議な本なのです。

contents

お母さんのための日本一わかりやすい男の子の育て方の本……もくじ

contents

第2章

男の子の子育てが大変な理由《わけ》

contents

第3章 男の子の子育てがウソのようにラクになる魔法のキーワード5

第4章 《これ》さえなければ、男の子はグングン伸びる ～無意識にやっているお母さんの悪いクセ20～

contents

装幀★小山比奈子
イラスト★桂 早眞花
本文デザイン★株式会社ワード

第1章

男の子ってどうしてこうなの!?

～母を悩ます「あ～あ」「もうっ!」な出来事30～

男の子が生まれた時点で、
お母さんはこの中の少なくとも半分以上は
必ず自分にやってくることを覚悟しておきましょう。

男の子は、確かに《大変なこと》をよくしてくれます。

お母さんたちの「あ〜あ」というため息と、「もうっ！」の声が今日もどこかで聞こえます。

男の子を持ったお母さんには必ずやってくる、そんな「あ〜あ」「もうっ！」な出来事を三十、「ほんの一例」としてご紹介したいと思います。

男の子がいる限り、お母さんは、この中だけでも、少なくとも半分以上は自分にやってくると覚悟しておいてください。

でも、男の子は男の子で、お母さんのうかがい知れないところで、そうなってしまう事情というものがあるのです。

別に、お母さんを困らせようと思っているわけではないのです。

そこで、どうして男の子はそんなことをするのか、どうしてそうなってしまうのか、そしてそんなときお母さんはどうすればいいのか、も書いてみました。

男の子の「そこのところ」を、同じ男として、お母さん方にぜひ理解していただきたいのです。

イラストの中には、その行動の見られやすい年齢を示しています。（二～五歳ごろ）とあればそのころによくある行動で、六歳ごろになると自然に減っていくということです。

中には（三歳ごろ～）のように書かれたものもありますが、それはいつになったらしなくなる、というものではなく、男なら何歳になってもそんなことをする、ということをあらわしています。

現在のお子さんの姿、そしてときにはあなたのご主人やお父さんのことも思い浮かべながら読んでくだされば面白いかもしれません。

もちろん男の子なら全部が全部、そうなってしまうというものではありませんので、心配しすぎることもないのですが、いずれの項目も、そんなことをする確率は、女の子の十倍以上はあるというのも確かです。

「男の子」というものに理解をよせていただき、それらのすべてを笑って許してもらえますよう、全「男の子」を代表してお願い申し上げます。

CASE 1 すぐに危ないことをする

すぐに小高い
ところに登る
〈1歳ごろ〜〉

すべり台を
さかさまに
すべる
〈4歳ごろ〜〉

プールサイド
からすぐに
飛び込む
〈5歳ごろ〜〉

「危ないっ！」「危ないからやめなさい」……、男の子を持ったお母さんは１日１回はそう言っているのではないでしょうか。本当に男の子は危ないこと、ヒヤヒヤさせられるようなことを毎日のようにしているようです。池に落ちた、エスカレーターにはさまれた、などの事故のニュースも、たいていは男の子です。

男の子はどうしてそんなことをするの？

「危ない」ことには楽しいことがいーっぱい

お母さんが「危ない！」と言ったその行為には、確かに危険な要素もひそんでいますが、同時に「冒険心」「好奇心」「攻撃・破壊願望」といった、男の子特有の気持ちを満たすものがいっぱい含まれています。無条件に楽しく、満足感を得られるのです。だからついしてしまうのです。女の子は、それらをしたいけれど我慢しているのではありません。最初からしたいとも思わないのです。だからしないのです。

どうすれば　いいの？

☆「危ない基準」を下げる

男の子は確かに「危ないこと」をよくします。でもお母さん方は、少し「危ない」を言いすぎるような気もします。公園に行っても、「危ない！」を連発しているのは、お母さんばかり。お父さんはあまり言いません。お父さんとくる子どもは危険なことをしないのでしょうか？

そうではなく、お母さんの「危ない基準」が厳しすぎるように思います。それほど危なくないものにまで「危ない、危ない」と言っています。あまりにも「危ない」を言われると、男の子は自分の行動に自信をなくし、消極的な行動をとるようになってしまいます。

CASE 2 すぐに汚いことをする

きれいに
盛りつけた
おかずを
グチャグチャに
〈2～5歳ごろ〉

泥んこの
地面を手で
グチャグチャに
混ぜたり
自分の足に
塗ったり
〈2～6歳ごろ〉

汚れた手を
シャツや
ズボンで拭《ふ》く
〈3歳ごろ～〉

「きゃあ、やめてー！」「きったないわねえ、もうっ！」。レストランで、あるいは商店街で、親子で一緒にいるお母さんとその子ども（男の子）を観察していると、そんな言葉を何回も聞くことがあります。男の子は、とにかくすぐにお母さんがイヤがる「汚いこと」をするようです。

男の子は全然「汚い」とは思っていない

お母さんにとっては「汚いこと」でも、子どもにとっては、ごく当たり前で、ごく普通のことが多いものです。汚いどころか楽しくて仕方がないときだってあるのです。「汚い」の感覚が、お母さんと子ども（特に男の子）とでは全然違うのです。でも、その感覚、なんとなくわかりませんか？　大人だってたとえばツバをつけてページをめくるなど、人から見たら汚いことを、平気でやっていることが、多くあるんですよ。汚いことって、本人は全然そう思っていないものなのです。

どうすればいいの？

★「汚い！」と言いすぎないようにしよう

男の子は幼稚園や保育園で、もしもこの場にお母さんがいたら「きたなーい！」って言うだろうな、というようなことを毎日やっています。でも、その子は園では「汚い！」なんて言われなくてすんでいます。どうしてかというと、ほとんどの場合、それが叱《しか》られるべきほどの汚いことではないからです。子どもの汚いことで、親、特に母親から見て「汚い」と感じることも、他の人から見れば、それほど汚いとは思わないものです。「汚い」と言われ続けると、子どもは自分に自信をなくします。あまり言いすぎないほうがいいのです。

CASE

3

整理が下手

バッグを
開けると
中がいつも
グチャグチャ
〈3歳ごろ〜〉

机の引き出しの
中がいつも
ゴチャゴチャ
〈4歳ごろ〜〉

おもちゃ箱に
おもちゃが
メチャクチャに
入っている
〈2〜12歳ごろ〉

遠足のリュックの中を開けてみると、中はグチャグチャ。弁当箱やお箸《はし》がむき出しになっていたり、フタさえ閉めていなかったり……。机の中も同じで、引き出しを開けると、まるでゴミ箱。小石やだんご虫が入っていることもあります。男の子が動いたあとをお母さんが見たら、その口からは「もうっ！」の言葉か、「あ〜あ」のため息しか出てこないようです。

きれいでないことが気にならない

あと先のことを考えず、したいことをただしたいようにしてしまうのが男の子。だから男の子が動いた半径三メートルは、散らかり放題になりがちです。また、見た目が汚ないことが平気で、気にもならないのが男の子です。たとえば遊びに行った家が、どんなに散らかっていても気づきません。かたや女の子は、あとで自分が困らないように動く傾向があるのと、見た目がきれいなものが好きで、きれいにしておかないと感覚的に気持ち悪くなるので、自然と整理術がうまくなるようです。

どうすればいいの?

自分の不都合につながることを伝える

その場で叱って整理させたとしても、それで気持ちよくなるのはお母さんだけ。子どもは、その必要性を感じていないので、次の日も同じことが起こります。でも、「きちんとしなければいけない理由」と、「整理しないとあとで自分が困る」ということをセットにして繰り返し伝えると、少しは効果があります。

理由がわかったり、自分の不利益につながることがわかると、男の子は案外、それをしなくなるのです。「とにかくきれいにしなさい!」が一番効果のない言葉です。

CASE
4
何でも元通りにしない

おもちゃは
使ったら
使いっぱなし
〈2～8歳ごろ〉

引き出しから
靴下を出すと、
引き出しは
開けっぱなし
〈4歳ごろ～〉

何かを
描いたら
ペンは
出しっぱなし
〈3歳ごろ～〉

男の子は、本当に片付けが下手《へた》です。下手と言うよりも全然しないのです。する気もないようです。その結果、男の子が動いたあとは、いつも散らかり放題になります。使ったおもちゃ、ペンのフタ、読んだ絵本、何もかもが子どもの部屋やリビングに散らかり、もう見るのもイヤ、言うのもイヤ、という毎日を過ごしているお母さんも多いと思います。

使ったものを元に戻さない

男の子の動いたあとが散らかり放題になりやすい原因はただひとつ。自分が使ったり動かしたりしたものをその場で元に戻さないからです。早く言えば、男の子は面倒くさがりがとても多いのです。女の子ももちろん面倒だと思っているのですが、女の子はきちんとすることが嫌いではないのと、あとで自分が不都合になりそうな（何か言われる、など）ことは最初からしない、という考えがあるようです。怒られても怒られても懲《こ》りないのが男の子です。

どうすれば いいの？

☆現場を押さえて注意する

だいぶたってから言っても効果はありません。そのつど、言われたから戻すだけで、「すぐに戻す」ことをしつけたことになりません。その現場を発見したときに注意するのです。ペンで何かを描いたのに置きっぱなしにしようとしたとき。引き出しを開けっぱなしにしてどこかへ行こうとしたとき。おもちゃで遊んだあと、戻さなかったとき……。そのつど、その現場で注意し、戻させます。すると案外素直に片付けたり戻したりします。「元通りに戻す」というのはマナーの教育に通じていきます。そのつど、根気よく伝えていくことが大切です。

CASE 5

じっとしていない（落ち着きがない）

手を握っていても
すぐに離れて、
勝手なことをする
〈2～4歳ごろ〉

さんぽ中、
電柱があれば、
突然片手で持ち、
無意味に
クルクル回る
〈4～7歳ごろ〉

整列している
ときにじっと
できず、
すぐに隣の子に
ちょっかい
〈4～8歳ごろ〉

「もうっ！　じっとしていなさい！」「どうしてそんなことをするの！」。男の子は、お母さんが思わずそう言いたくなるようなことをよくします。上のようなこと以外でも、広い空間（たとえば映画館・図書館）に行けば、すぐに走る・暴れるなど、とにかくじっとできない男の子はたくさんいます。

男の子は どうして そんなことを するの？

体が勝手に動いてしまう

何もしないで、おとなしくじっとしている、というのが男の子は苦手です。もう、体が勝手に動いてしまうのです。ですから、「もう！じっとしていなさい！」「はーい」となった十秒後に、もう動いています。一歳のころから「じっと」できる男の子もいますが、単に性格的なものから来ていることが多く、「ききわけがいい」からではありません。そんな子どもは「暴れてもいいよ」と言われてもじっとしていることが多いものです。実は幼いころの私がそうでした。

どうすればいいの？

「規制緩和」の精神で

お母さんは、子どもが動き回ると、自分が困ることが起きやすいことを知っているので、つい叱ってしまいます。でも、その行動が「別に人に迷惑をかけない」「社会的に許される」ものならば、少しくらいならさせてあげてもいいのです。やりたいことがやれた満足感で、子どもの心はむしろ落ち着きます。叱るのは、その行為が「危険を招く」「人に迷惑をかける」ような場合だけでOK。いつもじっとすることを求め続けられると、男の子は行動も考え方も消極的になっていきます。

CASE
6
怒られたことをまたする

「走ったらダメよ」と
注意したあとに
走って転ぶ
〈1～3歳ごろ〉

お店で
「さわったらだめよ」
と言った直後に
もうさわる
〈2～5歳ごろ〉

「じっとして
いなさい」と
言った10秒後に
もう動き回る
〈3～6歳ごろ〉

子ども、特に男の子は、さっき言われたことを、すぐにまたして怒られています。ひどいときは注意されたその数秒後に同じことをまたします。「何度言ったらわかるの!」とまた怒られます。そのときは「はーい」と、わかったような返事をしますが、全然わかっていません。お母さんは腹が立つやらあきれるやら……。もう、怒るのもイヤになってしまいます。

男の子は どうしてそんなことをするの?

それをしないではいられない

それが子どもにとって「楽しいこと」「好奇心・冒険心を満たすもの」「本能的にやってしまうもの」のとき、子どもは何度注意されても同じことをします。夫から、「知り合いと会っても立ち話はするなよ」と言われても、ついしてしまうようなものです。「はーい」と返事をしても、どうしてもしてしまうのです。子どもも同じで、何度注意してもやってしまうものは、よほどしたいもの、どうしてもしてしまうものなのです。決して、言うことを聞かない子どもになったのではありません。

どうすれば いいの?

☆許容範囲を広げ、「ここぞ」というときだけ注意する

それをされると何かが起こりそうなとき、お母さんはそれを禁止したがります。でも、右ページで禁止した「走る」「さわる」「暴れる」をはじめ、お母さんが「してはダメ」と言うことは、普段からよくしている行動で、急にいまだけ禁止されても子どもは困るのです。それらをしてはいけない場面も確かにあります。そのときはしっかり注意をし、しかも中途半端な注意ではなく、絶対にさせないというくらいの厳しい態度でのぞみます。それ以外のときは、いまよりも少し許容範囲を広げ、「ここぞ」というときだけ注意をすると、よく聞くようになります。

CASE
7
自分のことを「おれ」と言う

友だち同士で
「おれがする」
〈4歳ごろ～〉

先生に
「おれも
ちょうだい」
〈5歳ごろ～〉

それまでは言ったこともなく、教えてもいないのに、男の子はある日突然、自分のことを「おれ」と言いだします。私の経験では幼稚園の年長（5～6歳）で男の子の半数程度が、小学生で3分の2以上の男の子が言うようになります。小中学生ならまだしも、幼児のうちから「おれ」と言うのは、お母さんや女性保育士さんにとっては抵抗があるようで、言わないよう注意をする人も多くいます。

《男の世界》へのあこがれ

男の子は、男と女のいろんな違いがわかり、自分は、女ではなく男なんだということを意識したころ（早くて三～四歳）から「おれ」と言うようになります。「男っぽいもの」にあこがれ、そのモデルを自分よりも年長の男性から探そうとします。世間の男性たちが「おれ」と言っているのを見て、何となくかっこいいその響きとともに、まさに「男」である自分に、ピッタリだと思うのでしょう。そこまで意識はしていなくても、まさに自然な感じで言いだすことが多いようです。

どうすれば　いいの?

使い分けができればOK

「《おれ》なんて言わないの!」「もっと大きくなってから」と、いくら注意をしても無駄です。（心から）自然に出ている言葉なのでなかなか直せないのです。「ぼく」と言っている男の子もいますが、お母さんに注意されたからではなく、これも自然に「ぼく」のほうが自分らしいと思っただけなので、逆に「《おれ》と言ってもいいよ」と言っても言わないし、大人になっても言わないものです。こだわる必要はなく、場面による使い分けさえできるようになればOKです。

CASE

8

相手のことを「おまえ」と言う

友だちのことを
「おまえなあ」と
言いながら
遊んでいる
〈5歳ごろ〜〉

普段言わないのに、
ケンカなどで
とっさに
「おまえが・・・」
と言う
〈5歳ごろ〜〉

相手のことを「おまえ」と言う男の子はよくいます。でも、これは、女性（お母さんや女の先生）にはすこぶるイヤな言葉のようで、子どもが、ましてや小さな子どもが言おうものなら、そのつど過敏に反応します。自分が言われるのも嫌います。夫からも「おまえ」とは呼ばれたくないと思う女性は多いものです。男性独特の「偉そうな言葉」に思え、せめてわが子だけは使ってほしくないと思うのでしょう。

男の子はどうしてそんなことをするの？

《おれ》と《おまえ》はセット言葉

言うようになる時期は、ちょうどケース7の「おれ」と同じころで、「おれ」と言う子どもが言うようになります。「おれとおまえが……」とは言っても、「ぼくとおまえが……」と言う男の子はほとんどいません。

「おまえ」は男性独特の二人称の言い方で、「男性世界的なもの」にあこがれる男の子にとっては、「おれ」と同じく、まさに(男である)自分にピッタリに思うようで、これも意識せずとも自然に出てしまう言葉のようです。

どうすればいいの？

使い分けができているかをチェック

使い分けさえできるならば、「おまえ」も言ってもいいと思います。たとえば、相手ととても仲がいい、などの場合は、認めてやってほしいと思います。が、それ以外ではやはり使わないほうがいいかもしれません。

大人の男性でも、仲のいい友人には「おまえ」と言いますが、目上の人や、見ず知らずの人には「おまえ」とは言いません。あまり神経質にならず、そういう使い分けができているかどうかだけをチェックすればいいと思います。

CASE
9
言葉遣いが悪い（偉そうに言う）

行くぞ！
エヘン!!
「行くぞ」など、大人のような言い方
〈4歳ごろ〜〉

アレするなよ
○×△しろよ
「○○するなよ」「◎◎しろよ」などと命令形で言う
〈5歳ごろ〜〉

わが子の言葉遣《づか》いがどうも気になる、というお母さんは多いものです。いくら相手が仲のいい友だちでも、「行くぞ」「それ、くれよ」などと偉そうに言っているのがイヤなのでしょう。「《行くぞ》じゃなくって《行くよ》でしょ」「ちゃんと《ちょうだい》と言いなさい」と、そのつど言い直させようとするお母さんもいます。でも、これって、言われてすぐに改まるようなものではないのです。

いつも《偉そうにしたがる》男の気持ちの表れ

言葉は自分の心の表現です。子どもがそれまでは言わなかったような偉そうな言葉を言うようになったのは、「偉そうにしたい」「偉そうに言いたい」と思うようになったということです。自分が男であることを意識するころから、男の子は偉そうにしたがったり、いいカッコをしたがったりするようになります。言葉で偉そうにできる、いわゆる「男言葉」があるのは日本だけですが、日本には偉そうにしたがる男が多いという証拠かもしれません。

どうすればいいの？

★使い分けができればOK

私たち男性にとっては、それらはごく普通の言葉であって、特に「偉そう」とは思いません。友人や先輩から「元気でいろよ」と言われても「《元気でいろよ》じゃなくて、《元気でね》でしょ」なんて訂正もしません。それらの言葉に女性が敏感なのは、女性の世界ではなじまない言葉だからかもしれません。子どもは、お母さんから何百回訂正されたとしても、あとで必ず使うようになります。禁止されるとそのつど自分を否定されたような気持ちになり、イヤな気持ちになります。要は使い分けができればいいのです。

CASE
10
すぐに服を汚す

洗った服も
すぐに
ドロドロ
〈3歳ごろ〜〉

食事を
するだけで
服が汚れる
〈2歳ごろ〜〉

せっかく新しい服を着せて幼稚園に行かせたのに、帰ってきたらドロドロ。食事のときでもすぐに汚して、3歳になっても4歳になってもまだエプロンがほしいくらい。どうして男の子って、きれいな服だろうが洗濯したての服だろうが、こんなにもすぐに服を汚すのか、不思議でたまらないお母さんはたくさんいます。

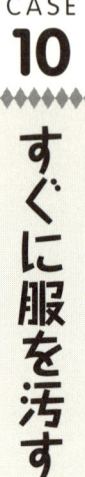

汚すのは理由がある

男の子がすぐに服を汚す理由は五つあります。一、汚すことがいけないことだと思わない。二、汚れてもそれが汚いとは思わず、イヤでもない。三、活発に動くので汚れる機会が多い。四、男の子（男も！）はそもそも不注意。五、お母さんの洗濯の大変さがわからない……です。でも、もしもその反対の男の子……たとえば、とにかく服が汚れないようにする男の子、汚れたら泣いてイヤがる男の子……がもしもいたなら、そのほうがよほど悩みのタネになるかもしれませんよ。

どうすればいいの？

プラス面にも目を向ける

もしもよその子どもなら、少しくらい服が汚れていてもたいして気にならず、むしろ、そこに子どもらしさや男の子らしさを見つけ、ほほえましい目で見るのではないでしょうか。洗濯が大変、洗い替えがない、買ったばかり……と、マイナス面ばかりに目を向けず、そこに必ずあるプラス面（わが子が今日も元気いっぱい遊んだ。子どもらしい《男の子らしい》など）を見るようにすると、わが子の汚れた服を見ても、よその子を見たときと同じように、きっと笑顔になれますよ。

CASE 11

水たまりを見つけるとわざと入る

水たまりの中に
わざわざ
入っていく
〈3～7歳ごろ〉

しかも、
水しぶきを
わざと
ハネ上げる
ような入り方
〈3～7歳ごろ〉

「あっ、水たまりだ！」。雨上がりのあと、水たまりを見つけると、大人はよけて通ります。子どもと一緒のときは、子どもが知らずに入っていったりしないよう、手を引いて避けるようにして歩きます。でも、男の子と一緒に歩いたときだけは……、水たまりを見つけたときから気になり、なんだか悪い予感がしていたら、案の定、見事に入ってくれます。しかもわざとハネを上げながら……。

男の子は どうして そんなことを するの?

自分の力で変化を起こさせたい

男の子は、自分の力(作用)で何か変化が起こる、ということが好きです。それで音がしたり、動いたりするのはもちろん、特に派手な「何か」が起こることを好みます。人が積んだ積み木をすぐに壊《こわ》したり、機械類、ボタン類があるとすぐにさわるのもそのためです。水たまりなどは、もう見ただけでワクワク! です。入ったらどうなるか確かめたいのです。その感触を味わいたいのです。それで怒られるということがわかっていても、もう入らずにはいられないのです。

どうすればいいの?

その機会にいろんなことを教える

怒られてやめたとしても、「お母さんと一緒のときは怒られる」と学習するだけで、お母さんがいないときは、入ります。それよりも、そのときいろんなことを教えるのです。「人がそばにいるときは、その人が汚れるから絶対にしない」「自分のズボンや服が汚れることもある」「靴に穴があいていたら靴の中に水が入ってくる」など、その行為の欠点を、その機会に教えるのです。そのつど、ひとつずつでOK。そうすると、お母さんがいないときでも、それだけは自分で気をつけるようになります。

CASE 12

「そればっかり」のオタク的な趣味がある

「買って」と言うのは
電車の絵本と
おもちゃばかり
〈2～6歳ごろ〉

一日中
ミニカーで
遊んでいる。
コレクションは
100台
〈2～9歳ごろ〉

テレビヒーローの
キャラクター
ならなんでも
言えるほど
ハマりすぎ
〈3～7歳ごろ〉

◎◎のことならなんでも任せておけ！　という男の子は多いものです。上のような電車オタク・ミニカーオタク・テレビヒーローオタクをはじめ、多いのが、働く車オタクに昆虫オタク。教育的なものでは、国旗オタク、百人一首オタクなんていう男の子もいます。共通点は、他のものにはそこまでは関心を示さないということ。一生懸命になるのはいいけれど、お母さんはこれでいいのかな、と心配ですよね。

男の子はどうしてそんなことをするの？

男の子には必ずオタク趣味あり

かくいう私も、実は子どものころ半端じゃない「怪獣オタク」でして、「ちびっこ怪獣博士」としてテレビや新聞にも出まくっていました。「ちびっこ天才◎◎博士」は当時からたくさんいましたが、ほとんどが男の子。博士と言えば聞こえがいいですが、早い話がオタクです。男の子には必ず◎◎オタクがあると言ってもいいかもしれません。よく言えば、男の子はひとつのことに熱中する力に長《た》けており、悪く言えば、融通がきかず、性格的にもオタク的なところがあるのでしょう。

どうすればいいの？

今後の人生に生かす

お母さんは心配かもしれませんが、何かに熱中する子どもは必ずそれから何かを得ています。しかも人生設計に役立つ何かです（記憶力・考察力・分類力・行動力、その他）。熱中するその対象が社会的にも認められるもので、友達とも普通に一緒に遊べるならば、全然構わないと思います。むしろ、そのオタク趣味を他の面でも生かせるよう援助してやってほしいと思います。私の場合、怪獣の絵の模写から、絵がうまくなり、いまでは自分の原稿のイラストを自分で描くこともあるほどです。

CASE
13
ウルトラヒーローや怪獣が好き

ウルトラヒーローや
怪獣の
人形ばかりで遊ぶ
〈3～8歳ごろ〉

テレビやビデオも、
怪獣ものや
特撮ものばかり
〈2～8歳ごろ〉

本屋さんでも、
ウルトラや
怪獣の絵本の
前から離れない
〈2～6歳ごろ〉

小さな男の子のオタク的な趣味でもっとも多いのが怪獣・ヒーローオタクではないでしょうか。怪獣や戦隊ものが大好きで、とにかくもう夢中！　という男の子は、とても多くいます。おもちゃ屋さんへ行っては怪獣人形をねだり、本屋さんではお話絵本には目もくれず、レンタル店ではウルトラコーナーへ直行、というわけです。こんなものばかりを見ていると、なんだか暴力的な子どもになりそうで、本当は見せたくないんだけど……というお母さんは多いものです。

男の子は どうして そんなことを するの？

男の子は必ず怪獣好きになる

昭和三十年代以降に生まれた男の子なら、ほとんどと言っていいほど、怪獣やウルトラマンに夢中になる時期があります。数年間で終わる男の子もいますが、中には私のように四十年以上抜け出せない人もいます。いわゆる「怪獣もの」には、男の子にしかわからない魅力があるようです。先日全国で実施された「ウルトラ検定」も受験者は九九％が男性でした。これほど男女差の激しい子ども文化も珍しいと思います。男の子の気持ちを満たす「何か」がそなわっているのでしょう。

どうすれば いいの？

親も一緒に楽しもう

おもしろいことがあります。わが国には、百種以上のヒーロー番組と三千種以上の怪獣がいるというのに、子どもが好きになるのは、「ウルトラマン」とその怪獣なのです。他のヒーローや怪獣にはそれほど興味を示しません。つまり、「とにかく『ゲテモノ』が好き」というのではなく、あくまで「ウルトラマン」と「ウルトラマンに出てくる怪獣」が好きなのです。ウルトラマンは、もはや世界に誇れる子ども文化です。毛嫌い(?)しないで、ぜひ子どもと一緒に見て、お母さんも怪獣の名前を覚えるくらいになってほしいと思います。

CASE
14

戦いごっこを好む

長いものを持つとすぐにちゃんばらごっこをする
〈4歳ごろ～〉

すぐにプロレスごっこのようなことをする
〈4歳ごろ～〉

すぐに人にパンチやキックをする
〈2歳ごろ～〉

お母さんが「やめなさい！」と子どもに言うときの遊びは、たいてい、上のような、「戦いごっこ」的な遊びです。「あら、楽しそうね」、なんて言うお母さんはまずいません。お母さん方は、見た目に少しでも「危ない」「暴力的」「危険を及ぼす」ものは、理屈抜きに好きにはなれないようです。でも、すぐにそんなことをするのが男の子なのです。

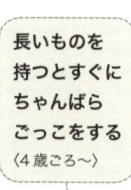

男の子はどうしてそんなことをするの？

男は大人になっても戦いごっこが好き

女性が、そういう遊びを本能的に好まないように、男性は、子どものころからそういう遊びが大好きなのです。女の子はやりたいけれども我慢しているのではないでしょう。やりたいとも思わないのです。片や男の子は、子ども時代だけでなく、大人になってもまだします。砂浜・グラウンド・体育館などへ行くと、中高生はもちろん、いい年をした大人でも、すぐにプロレスごっこもどきをし、四の字固めやコブラツイストをかけあっています。私もいまでもよくします。

どうすればいいの？

それが《男の世界》

ドラマなどで、久しぶりに会った男性同士が、「よお、久しぶり!」と言いながらいきなり相手にパンチを入れたりすることがありますが、あいさつがわりに暴力まがいのことをするなんて女性には考えられないことでしょうね。でもそれが「男の世界」なのです。

「男の子の世界」もそうで、「戦いごっこ」の類《たぐ》いは、相手を「仲間」だと認めている証拠です。知らない子にいきなり乱暴したり、その遊び方が特に危険でもない限り、目くじら立てず、親は、その相手になってあげるくらいのつもりでいてほしいと思います。

CASE
15

おもちゃ同士をぶつけて遊ぶ

怪獣人形同士をぶつけあって遊ぶ
〈2～7歳ごろ〉

飛行機や電車のおもちゃをわざとどこかにぶつけて遊ぶ
〈3～6歳ごろ〉

「エイ！」「ヤ～」などと言いながら、男の子はすぐにおもちゃ同士をぶつけて遊んでいます。女の子はあまりしない遊び方です。お母さん自身もほとんどしたことがない遊び方なので、そういう遊び方はとても気になるようです。楽しそうなのはわかるけれど、「おもちゃが壊れる」「危険」「大事にしていない」ように見えてしまうようです。

男の子はどうしてそんなことをするの？

空想の中の《ごっこ遊び》

おもちゃをぶつけて遊ぶとき、子どもは想像の世界に浸っています。怪獣とヒーロー人形をぶつけている子どもは、頭の中では、いままさに怪獣とヒーローが激しい戦いを繰り広げているのです。電車同士や飛行機同士をぶつけあうときは、「あっ、ぶつかる事故が起こってしまいました。これは大変です！」という実況中継を心の中でしているはずです。暴力的でもなければ、破壊的でもありません。ままごとやお母さんごっことまったく同じ、単なる「ごっこ遊び」なのです。

どうすればいいの？

気をつけてさせる

男の子がおもちゃ同士をぶつける遊びをするときは、次のように言うと効果があります。「壊れるかもしれないから、あまりきつくぶつけないようにね」「人にぶつけないようにね」。

子どももおもちゃが壊れるのは不本意なことなので、その「きまり」は守ろうとします。お母さんは、そういう遊び方自体を全面的に禁止することが多いのですが、それでは子どもから夢の世界を奪ってしまうことになってしまいます。「禁止」ではなく、条件つきで「認める」と、子どものほうから歩み寄ってくれることが多いものです。

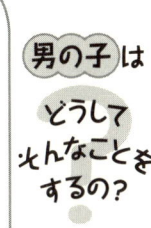

CASE 16

すぐにおちんちんをさわる

裸になると
すぐにさわる
〈1 ～ 5 歳ごろ〉

トイレで
さわってばかりで
肝心のおしっこを
しない
〈1 ～ 3 歳ごろ〉

おちんちんを
さわった手で
何かをさわる
〈2 歳ごろ～〉

男の子がおちんちんをさわることに、総じて女性は敏感なようです。保育園でも女性保育者の間で「してほしくないこと」「気になること」として、よく話題になります。確かに男の子は女の子に比べると、股間をよくさわります。お母さんは気になり、叱ったり、無理にやめさせようとしたりすることがありますが、男の私から見ると、何かかわいそうに思えてきます。

とにかくさわりたい!?

男の子はすぐにおちんちんをさわります。別にいやらしい目的ではありません。形がさわりやすい、感触がいい、自分でも珍しいと思う、など、理由は数々とありますが、とにかくさわりたくなるのです。あのさわり心地よさ?　は本人しかわからないかもしれません。実は大人の男性も、女性のみなさんは知らないだけで、結構おちんちんとその周辺!を、別にヘンな目的ではなく、けっこうよくさわっているのですよ。人に見られないところで。

どうすればいいの?

★《さわりすぎない》でOK

「汚い」「なんかいやらしい」「とにかくあんなところはさわらないでほしい」と思う女性の気持ちもよくわかりますが、ついさわってしまう男の子の心理もわかってほしいと思います。注意するとしても、まるでとんでもないことをしているかのように言わないでほしいのです。男(の子)にとっては自然なことなのですから。「さわりすぎない」「さわったのなら手を洗う」などを伝えるくらいでいいと思います。本当は何も言わなくてもいいくらいのことなのです。現にお父さんは男の子がおちんちんをさわったくらいでは何も言いません……よね?

CASE
17

「ウンチ、おっぱい、おしり」などのシモネタワードを言う

食事中でも
「ウンチ」
「おしっこ」を
連発する
〈2～6歳ごろ〉

意味もなく
「おしり」
「おっぱい」
「ちんちん」と
言いたがる
〈2歳ごろ～〉

男の子はすぐにシモネタワードを使いたがります。女の子の数倍はよく言います。我が家ではもちろん、よその家にお邪魔したとき、食事中、など、時と場所を選ばず言ってしまうので、お母さんは恥ずかしいやら、悲しいやら。気になればなるほど、わが子がしょっちゅう使っているような気になり、余計に気になってしまうようです。

シモネタワードは魅力的!?

シモネタワードだけでなく、シモネタ関係すべて、「汚い」「いやらしい」「下品」と感じる度合いが、女性と男性とでは子どものころから全然違うようです。その「考え方の差」「言う頻度」は、大人になるほど開きます。

でも、女性同士の中でも、シモネタワードが出てきたとき、「イヤだあ」「きゃあ」などと言いながらも笑いが起こり、盛り上がることが多いと思います。シモネタワードには、なんとなく面白い響きがあり、その中にどこか面白さ、楽しさが備わっているようです。

どうすればいいの？

神経質にならず、一緒に笑おう

シモネタワードを言うたびに、変に反応したり、過度に叱ったりすると、子どもは「ははあ、この言葉には何かあるな」と思い、ますます言いたがったりします。過剰な反応は避け、「きったないなあ、もう」とでも言って、一緒に笑っていればいいのです。

リアクションが何もないと、面白がって使うことがずいぶん減ってきます。心配しなくても、成長するにつれ、人前で気軽に言う言葉ではないことに気づき、口にするのがなんとなく恥ずかしくなるときが必ずやって来ます。

CASE
18
寝るときパンツに手を突っ込む

あらまぁ!!
Zzz…
パンツに手を突っ込んで昼寝をしている〈3歳ごろ〜〉

やだ、もぉ!!
Zzz…
Zzz…
父
夜、パンツに手を突っ込んで寝る〈3歳ごろ〜〉

　男の子はズボンの中に手を突っ込んで寝ることがよくあります。厳密に言えば、ズボンではなくパンツの中に手を入れているのです。パパと息子がその同じポーズをしたまま仲良く寝ているときもあります。それを見たママは、もう情けないやら恥ずかしいやら、せめて子どもだけはやめさせたくなるようです。

なぜか気分が落ち着く

女の子や女の人にはわからないかもしれませんが、寝るときにパンツの中に手を入れるとなんとなく手の置き場が安定するのです。別に何もさわっていないのですよ(笑)。手が安定するというより、気分が落ち着くと言ったほうがいいかもしれません。逆に言えば、眠るときなど、気分が落ち着き、安定しているときほどそうなってしまいやすいのです。ちょっと心を落ち着かせたいだけなので、何時間もずーっと入れっぱなし、ということもないのです。

どうすればいいの？

気にしない、気にしない

お母さんたちからすると、見た感じがなんとなくイヤかもしれませんが、ここは大目に見てあげてほしいと思います。もうクセになっているのです。

寝るときにはすぐにパンツに手を入れるクセのある男性でも、会社で会議中には入れたりしないように、子どももお昼寝のときなど、ごく限られた場面だけだと思います。

わが子にパンツに手を入れて寝てほしくないのはわかりますが、何も気にせず、「ああ、リラックスしているんだな」とでも思ってほしいと思います。

CASE 19 することが荒っぽい

ワーイ
戸口や冷蔵庫などを荒っぽくバタン！と閉める
〈3歳ごろ〜〉

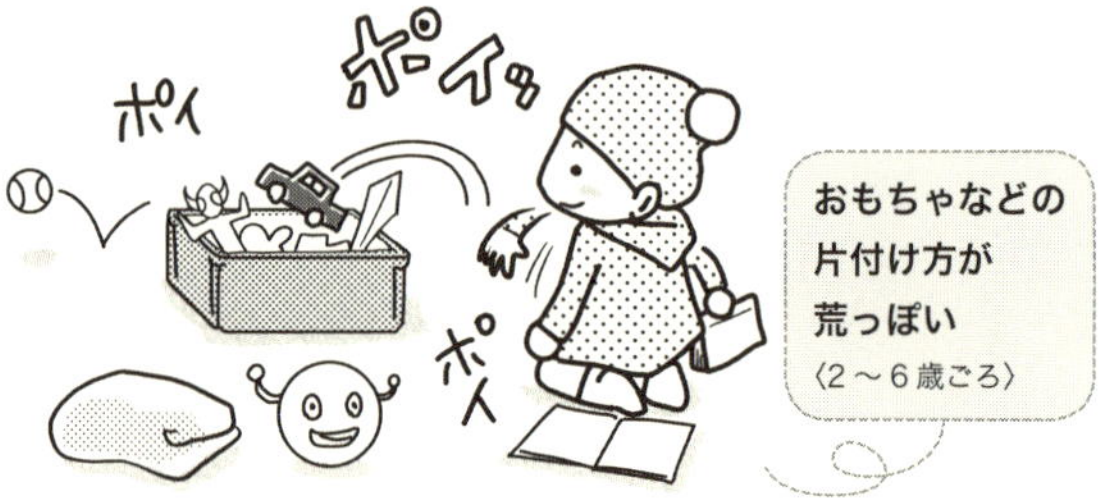

ポイ
ポイッ
ポイ
おもちゃなどの片付け方が荒っぽい
〈2〜6歳ごろ〉

ワーイ
ホテルに着いたらとりあえず暴れる
〈3〜8歳ごろ〉

男の子は、その動き方、行動のすべてが女の子とは比べ物にならないくらい荒っぽいようです。「もう！どうして男の子はあんなに荒っぽいのかしら」という言葉を、女性なら子ども時代から何度も口にしたことがあると思います。私の経験でも、確かに小・中・高の各時代、私たち男子は同級生の女の子たちからよく言われたような気がします。大人になってからは、面と向かっては言われませんが、心の中ではそう思っているかも……という場面によく出くわします。

《男性ホルモン》のしわざ!?

これまで何百人もの子どもと生活してきて思ったことは、日本中どこに行っても男の子は、総じて女の子に比べ、「動きが荒っぽい」「競うのが好き」「激しいもの、大胆なものが好き」「じっとできず、すぐ動く」「すぐにふざける」ことが多いということです。でも、これは、子どものときから分泌されている男性ホルモンの作用によることが多く、いわば、生来的なもので、否定するだけでは改まらないのです。むしろ認めていくところに、解決のヒントが隠されているように思います。

どうすればいいの？

★将来の《男性らしさ》につながると考えよう

男の子たちは、荒っぽくしようと思ってしているのではなく、自然にそうなってしまうのです。叱られてもなおりません。でも、その荒っぽさや激しさは、のちに「快活さ」「活発さ」「大胆な行動」「頼もしさ」などのいわゆる「男性らしさ」に変化していきます。女性も男性が、そんな特徴を持っているから男性に魅かれるのでしょう。その荒っぽさが、まわりに迷惑を及ぼすときはきちんと叱り、そうでないときは、「もう！　ホントに男の子ったら……」と、かつてクラスの男の子に言っていたように、ただぼやくだけでいいと思います。

CASE 20

お行儀が悪い

引き出しや
ドアを
足で閉める
〈3歳ごろ〜〉

すぐに机や
ものの上に
乗る
〈4歳ごろ〜〉

脱いだパンツを
そのまま足で
放り投げ
キャッチする
〈5歳ごろ〜〉

上のようなお行儀《ぎょうぎ》の悪い行動を、女の子に比べると、男の子は10倍はします。他にも、「すぐにつまみ食いをする」「脱いだものをたたまない」「ものを配ると一番に取りに来る」「正座ができず、すぐにあぐらをかく」など、女性から見ると、男の子は本当にお行儀が悪いことばかりをよくします。

男の子はどうしてそんなことをするの？

男の世界では《普通》のこと

大人の男性を含め、男の子のすることとなすことが、女性にとっては「行儀が悪い」ように見えるようです。たとえば、男にとってはまったく普通の「あぐらをかく」「電車で股《また》を開いて座る」「人前でおならをする」も、女性にとっては「行儀が悪い」と映ることがあります。あるアンケートで男女差が多かったのが「宅配が来ると数歩なら戸口まで裸足で行くことがある」の項目。男性は「当然」でも、女性は「とんでもない」のです。でも、すべてそれが「男（の子）」なのです。

どうすればいいの？

☆許容範囲を広げる

「行儀が悪い」と思う基準が男性に比べ、かなり厳しいように思います。その基準を「これはきっとパパでも注意するだろう」というレベルにまで下げてほしいのです。でないと、男の子はどの家庭でも一日中母親から叱られることになってしまいます。実際、男の子のすることで、お母さんが「行儀が悪い」と思っても、お父さんは何とも思わないものは多いものです。男の子は自分の行動にダメ出しばかりをくらうと、自分に自信をなくします。許容範囲をいまよりももう少し広くし、子どもには肯定的なまなざしをたくさん注いでほしいと思います。

CASE
21
ぶっそうな言葉を使う

友だちと
ケンカをすると
「ぶっ殺すぞ！」と
言う
〈4～9歳ごろ〉

イヤな相手に、
「死ね！」と言う
〈4～8歳ごろ〉

「ボケ！」(関西)
「バーカ！」(関東)
と言う

「悪い言葉」には、いろいろあります。「……だぜ」「……しろよ」などのいわゆる「男言葉」は、子どもが使うにはよくないし、「そんなの関係ねえ！」「オウベイか！」などの流行語も、悪い言葉といえば悪い言葉です。でも、同じ悪い言葉でも「死ね」「ぶっ殺す」などの、いわゆる「ぶっそうな言葉」は、「悪い言葉」というだけでは片付けられないものがあります。わが子が使っていたら、確かにイヤですよね。

男の子はどうしてそんなことをするの？

単なる「真似」ではなく「心のトラブル」!?

「悪い言葉」は、テレビなどで言うから子どもが真似《まね》をする、とよく言われます。確かにそれらの「ぶっそうな言葉」を言う子ども（圧倒的に男の子！）も、テレビなどで聞いたから言っただけでしょう。でも、言わない子どもも多くいます。言ってはいけないことが教えられなくてもなんとなくわかるのです。言いたいとも思わないのです。健全な心の持ち主とも言えます。「ぶっそうな言葉」は、使いたくなるその子どもの心の中に、何かがあるように思います。

どうすればいいの？

☆「心の満たされ感」を十分味わわせ、心を安定させる

いわゆる「ぶっそうな言葉」を使う男の子には共通点があります。言葉だけでなく、行動も荒っぽく、内面にストレスがたくさんたまっているような男の子に多いのです。女の子でも、心が荒れてくると思春期ごろからそういう言葉をわざと使うようになります。

「服装の乱れは心の乱れ」と言いますが、言葉の乱れも心の乱れです。でも、小さな子どもの場合「（親からの）愛情の満たされ感」をたくさん味わい、気持ちが安定すると、自然に使わなくなってきます。キーポイントは「親のかかわり方」です。

CASE 22

すぐに手が出る

友だちと
トラブルがあると、
すぐに手が出る
〈3～7歳ごろ〉

イヤなことを
言われると、
すぐに
手が出る
〈4～7歳ごろ〉

横取りされたり
すると
突き飛ばして
奪い返す
〈1～4歳ごろ〉

やはり男の子に多いのですが、イヤなことをされたり言われたりすると、言葉よりもすぐに手が出て足が出てしまう子どもが結構多くいます。子どもであっても暴力は暴力です。暴力は受けたほうは大きな屈辱であったりします。そのため、子ども同士のトラブルであっても、親同士のトラブルにまで発展することもあります。「近ごろの子どもはキレやすい」ですませてはいけない問題です。

原因のカギは親が握っている

これもやはり断然男の子に多いようです。一歳、二歳の場合は、気持ちを言葉で言えないことが原因だったり、生まれつきの性格だったりすることが多いのですが、暴力がいけないことは知っている三歳以上になってもまだするときは、次のようなことが原因であることも多いものです。一、普段から「やられたらやり返せ」的な考えを持っている親がいる。二、親が子どもによく手をあげる。三、親がそれを叱ったり叱らなかったりする。つまり、親がカギを握っていることが多いのです。

どうすれば　いいの?

★暴力はよくないことをそのつど伝える

相手が悪かろうが、子どもが小さかろうが、暴力はいけないことは伝えなければいけません。叱る必要はありません。伝えるのです。百回手が出れば百回伝えます。サボってはダメです。子どもはわかってきます。わが国は男の子の暴力に肯定的なところがあり、「男の子は殴り合いくらいしなければ」「ケンカをしないから殴られた痛みを知らない」など言われます。でも、まわりに聞けばわかりますが、五歳以後はケンカはしても殴り合いなんてしたことがない男性のほうが圧倒的に多いものです。

CASE 23

お店のものをすぐにさわる

スーパーや
コンビニで
商品でも
なんでも
すぐにさわる
〈2～6歳ごろ〉

お店や博物館に
飾ってあるもの
でもすぐに
さわる
〈2～7歳ごろ〉

「さわらないでね」
と書いてあるもの
でもさわる
〈5～9歳ごろ〉

男の子は、女の子に比べると、本当になんでもよくさわります。コンビニやスーパーへ行って、お母さんから「さわらないの！」「これっ！　何してるの！」と叱《しか》られているのは、たいてい男の子です。お店のようなところだけではなく、たとえばお寺の仏像、小川の水、草・虫・落ちている石ころ、回っているコマ、など、とにかく男の子はなんでもすぐにさわります。

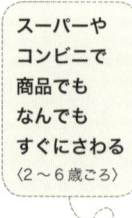

男の子はどうしてそんなことをするの？

「調べてみよう」の好奇心から

子どもは興味や関心を持ったものは、すぐにさわろうとします。「これってなんだろ?」「これってどんなかな?」を手で確かめたいのです。それは好奇心・探求心・研究心から来ています。いいことか悪いことかで言えば、いいことなのです。男の子はそれらが旺盛《おうせい》なので、すぐになんでもさわろうとします。でもさわることで、子どもはそのつど、さまざまな発見をしています。得るものもたくさんあります。何もさわらない子どもより、よほどいい経験をしたことになります。

どうすればいいの？

さわり方を教える

普段、お母さんたちは、お店でもどこでも子どもの何倍もさわっています。そう、さわるくらいはいいのです。ただ大人は「汚れた手でさわらない」「落とさないようにさわる」などさわり方には気をつけています。さわったら叱るというのではなく、さわり方を教えればいいのです。全面禁止にすると、興味を持ってもさわらなくなり、好奇心や探求心などを衰退させてしまいます。ただし、たとえばエスカレーターの昇降口、ストーブ、刃物、「さわらないでね」と書いてあるものなど、絶対さわってはいけないものは、絶対さわらせないようにします。

CASE
24
男の子なのにおとなしい

　男の子なのに、普段とてもおとなしく、手がかからないのはいいけれど、これでいいのかなと思ってしまう……そう言うお母さんたちは結構多くいます。いろんな男の子がいていいと頭ではわかっているのだけれど、他の男の子に比べて元気がなく、何となく男の子らしくないようにも見え、ちょっと心配になったりもの足りなさを感じたりしてしまうようです。

男の子はどうしてそんなことをするの?

男の子の二割はおとなしい

男の子でも、元気のないおとなしい子はたくさんいます。男の子の二割くらいはそんな感じです。原因などはなく、そのほとんどは生まれつきであることが多いようです。悩んでもどうしようもありません。でも、活発な女の子は、「おてんば娘」「男の子みたい」などと言われながらも、否定的にではなく、ほほえましいことのように言われることが多いのに比べ、おとなしい男の子は、それがいけないことであるかのように言われることが多く、ちょっとかわいそうですよね。

どうすればいいの?

「ないものねだり」をしない

人は、「いろんな人がいてもいい」と言いながら、自分や自分の子どもが、多数派に属していないと気になったり心配したりします。でも、気にしてはいけません。気にするということは、否定的に見ているということです。すると、どうしても子どもに対して否定的な言葉が多く出ます。おとなしくて結構。わが子がそうなってほしい、と思っているお母さんもいるのですから。子どものことは、「ないものねだり」ではなく「あるもの感謝」の目で見つめていると、お母さんは、いまよりももっともっと笑顔が増えると思います。

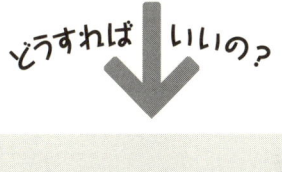

CASE
25
気が弱く、弱虫

並ぶときは
いつも最後
〈3～7歳ごろ〉

引っ込み思案で、
人に自分の
意思を言えない
〈3歳ごろ～〉

女の子にも
泣かされる
〈2～5歳ごろ〉

「男は強くなければ」という考え方は、かなりなりをひそめてきましたが、わが子だけは別。男の子なのに気が弱く、いつも泣かされてばかり。配りものはいつも最後に取りに行き、並ぶときもいつも最後。たたかれたらたたかれっぱなしで、女の子にまで泣かされる始末。見ているだけで情けなくなり、「男ならもっと強くなりなさい」と言いたくなっちゃう……、お母さんのそんな嘆きが聞こえてきそうな男の子は、実は結構多くいるのです。

男の子は　どうして　そんなことを　するの？

人生いろいろ、男の子もいろいろ

0歳児を受け持ったときのことです。十人いましたが、その性格や動き方は、文字どおり十人十色でした。すぐに友だちにちょっかいを出す女の子、一秒もじっとできない男の子、「待っててね」なんて言わなくても同じところで五分でも待てる男の子……。0歳ですから親のしつけの問題などではなく、もう生まれつきの性格としか言いようがありませんでした。小さなころの「気が強い」「気が弱い」というような問題は、小さいころはなおそうと思ってなおせるものではないようです。

どうすれば　いいの？

☆子どものすべてを丸ごと受け止める

いま、とても気が強い人が、昔からそうだったかといえば、必ずしもそうではなく、むしろその逆のことが多いものです。実は私がそうでした。幼いころは気が弱く、すぐに泣き、女の子にも泣かされていました。性格は変わるのです。自分を否定されず、まわり（特に親）が、自分のありのままを受け止めてくれるという環境にいると、子どもは自分のことに自信を持ち、性格も自然に変わってきます。つまり、いま、すべきことは子どもを否定しないで、そのありのままを受け止めてあげることです。

CASE
26
女の子のような遊びが好き

ままごとや
人形ごっこ
が好き
〈2～5歳ごろ〉

野球など
男の子の遊びを
しない（嫌い）
〈4～6歳ごろ〉

見るのも
描くのも
花が好き
〈3～7歳ごろ〉

いわゆる男の子の遊びはあまりせず、お人形遊びやままごと、女の子がするような遊びばかり好む男の子がいたら親は心配します。「この子、大丈夫かしら？」「（手の甲を口元に当てながら）コレじゃないかしら」などと冗談半分で言ったりもします。男の子は男の子がよくする遊び、女の子は女の子がよくする遊びをしないと、どうも親は不安になるようです。

男の子はどうしてそんなことをするの？

好きなものは好き

本人にしてみれば、故意に男の子の遊びを避けているのでもなければ、数ある遊びの中からわざわざ女の子の遊びを選んでいるわけでもありません。ただ好きなのです。性《しょう》に合うのです。性格的に荒っぽいことが好きではない男の子、おとなし目の男の子に多いようです。でも、好きなものは仕方がありません。本人にとっては全然不自然なことでもなんでもなく、それが自然なのです。まわりが勝手に不自然だと思っているだけのようです。

どうすれば　いいの？

何かひとつ男の子っぽいものをきっかけに

それらの遊びを遠ざけたり、無理に男の子の遊びをあてがっても、効果はありません。子どもは意地悪をされているように思います。

実は、私も四歳くらいまでは、姉ばかりの中で育ったせいもあり、いわゆる女の子の遊びを好んでしていました。が、五歳のころに見た怪獣映画が運命を変えました(笑)。その影響で戦車や飛行機にまで好みが発展し、プラモデルが好きになり、行動的になっていきました。どうしても気になるときは、何かひとつをとっかかりにして、自然に「男の世界」へいざなうのがいいようです。

CASE 27

小虫に残酷なことをする

アリを
見つけると
すぐに
踏みつける
〈1～3歳ごろ〉

昆虫に
砂をかけて
生き埋めの
ようにする
〈2～5歳ごろ〉

虫にとって
かわいそうな
ことをする
〈4歳ごろ～〉

アリを見たら踏みつぶす、などは、男の子だけでなく女の子もよくします。でも、それも2歳くらいまで。たいていの女の子は3歳になると、もうしなくなります。一方男の子は、その残虐性はエスカレートするばかりで、羽をむしったり、クモの巣にわざと虫を入れたりもするようになります。わが子がそんなことをすると、何か、残酷なことを平気でするような子どもになるようで親は心配になりますよね？

男の子はどうしてそんなことをするの？

「興味があるから」「好きだから」こそ

女の子がそんなことをしなくなるのは、命の大切さに目覚めたからではなく、単に興味がなくなるからです。男の子は、好きだからこそしてしまうのです。不思議だな、どうなるのかな？　の世界です。そんな残酷なことをするかと思えば、クモの巣から虫を助けたり、地面に落ちた毛虫を木に戻したりもします。女の子なら出にくい行動です。虫はもちろんミミズやナメクジにまで愛情を注ぐことができるのが男の子の特徴です。一見残酷な行動の中、やさしさはしっかり育っているのです。

どうすればいいの？

☆目に余るときは、やさしく注意をする

小さな子どもが、よくアリを踏むのは、ビックリするから、そして命あるものが不思議だからです。動きを止めてみたくなるのです。その対象が、アリなど、ごく小さいものに限られ、大きいもの（ヒヨコ、リスなど）にはしないならまったく問題ありません。「やさしくない」「命を大切にしない子ども」などではないということです。

男の子の虫への残酷な仕打ちは、目に余るようであれば、叱るのではなく、そのつどやさしく注意をするようにすると、耳を傾け、殺されてしまう虫の気持ちもわかるようになっていきます。

CASE 28

昆虫やハ虫類を飼いたがる

カエルや
カメなどの
両生類や
ハ虫類を
飼いたがる
〈3〜9歳ごろ〉

夏になると
必ず虫を飼う
〈3〜10歳ごろ〉

コップや箱の中に
土を入れ、
だんご虫やら
わけのわからない
虫をたくさん飼う
〈3〜9歳ごろ〉

昆虫やハ虫類を、「飼って飼って」とせがむ女の子は少ないものです。でも、男の子のいるご家庭なら、一度は飼ったことがあると思います。一度どころか、毎年、しかも大量に、というご家庭もあると思います。それらは苦手を越えて、見るのもさわるのもイヤ、というお母さんも多いことと思います。なのに毎日イヤでも見なければならないのです。男の子のお母さんは、本当に大変です。

男の子は「ゲテモノ」がお好き?

女の子はそれほど好きではないのに、逆に男の子はその大半が好きになる生き物。それは昆虫、ハ虫類、恐竜、怪獣です。ミミズも大好きです。その好き嫌いにこれだけ男女差がある生き物も珍しく、まるで「ゲテモノ趣味」そのものです。でも、女の子には「気持ち悪い」と映り、男の子には「カッコイイもの」と映るのですから、美的感覚は男女で全然違うのでしょう。それは大人になっても変わらず、それらに理解と興味を示すのは圧倒的にパパに多いようです。

どうすればいいの?

好きなだけ「ふれあい」を

好きになるその気持ちに理解を寄せ、好きなだけふれさせ、好きなだけ飼わせてあげてほしいと思います。好きなものに熱中するのはいいことです。男の子が虫かごやケースに顔を近づけ、飽きずに眺める姿はかわいいものです。命の大切さ、命の不思議さを学ばせるいい機会でもあります。死期を早めるからといじらせないのではなく、どうすれば長生きするかを一緒に考えたり、死んだときに子どもがどのくらい悲しんでいるかをチェックすることで、子どもの「成長」を確認できます。

CASE
29
棒切れが好きで、すぐに持って遊ぶ

公園に
落ちていたら
目ざとく
見つける
〈3～7歳ごろ〉

振り回して
遊ぶ
〈3～6歳ごろ〉

格子状の
フェンスに
カンカンカン……
〈4～9歳ごろ〉

保育園で子どもたちとさんぽに出かけたとき、道中や公園に木切れや棒切れが落ちていることがよくあります。先に私が見つけ、「だれかが見つけませんように」「見つけても拾《ひろ》いませんように」「拾っても振り回しませんように」と、祈りながら通り過ぎ、ふと振り返ると、見事に「だれか」がその棒切れを振り回しながら歩いています。その「だれか」は、99%が男の子です。

男の子は棒切れが大好き

男の子は、とにかく長い棒が大好きです。長い棒を使って行なう遊びやスポーツは多くあります。竹刀《しない》、バット、ゴルフのクラブ、すべて棒状です。棒切れで代用ができます。運動会で行なう棒奪い、棒上旗取りなどの競技も棒一本で行ないます。棒が一本あれば、ちゃんばらごっこや野球ごっこを始め、男の子はいろんな遊びができるのです。バチがわりに何かをたたけるし、またいで魔法使いごっこもできます。地面に字も書けます。男の子にとって棒は魔法のようなおもちゃなのです。

どうすればいいの？

持つくらいはいい

棒切れでちゃんばらや野球ごっこは、今も昔も、男の子なら必ずやっている遊びです。棒切れで遊んだことのない男の子はおそらく百人に一人もいないでしょう。逆に、棒切れが好き！という女の子は滅多にいません。お母さん方は、自分に経験がないので、棒切れの魅力がわからないのでしょう。危険そうな匂《にお》いがするのはわかりますが、子どもが持つだけでも叱っていると、子どもから健全な遊びや経験を奪うことにもつながります。危なくない遊び方を教えるいい機会ととらえ、「全面禁止」ではなく「条件付きで認める」ようにしてほしいものです。

CASE 30 すぐに裸になる

服が
濡《ぬ》れたりすると、
すぐに裸になる
〈3 歳ごろ～〉

風呂上がり
などなかなか
パンツを
はかない
〈3 歳ごろ～〉

上半身裸で
ウロウロする
〈2 歳ごろ～〉

男の子はすぐに裸になります。上だけならまだしも、下も脱いでしまい、すぐに素っ裸になることも多いものです。もちろん家の中でのことかもしれませんが、ハメをはずしたときなどには、外でも脱ぐこともあります。お母さんたち女性は、たとえ男性でも、基本的に裸というものを品がないものと思っているところがあるようで、夫でもわが子でも、裸でいられるのはあまりうれしくないようです。

隠す必要がない

服を脱いで素肌をさらす、ということに対して、子どもを含む男性陣は全然抵抗がないようです。水泳のときなどは素っ裸同然のスタイルだし、男性は、裸になる機会が日常の中に結構多くあるからかもしれません。普段はちゃんと服を着ているのは、マナーのひとつとして着ているだけです。マナーなどに気を使わなくてもいい場所や相手なら、脱ぎたいと思ったときは男はすぐに服を脱いでしまうのです。裸になったときの気持ちよさを子どものときから知っているようです。

どうすればいいの?

★マナー違反のときのみきちんと教える

裸になってはいけないときや場所で、子どもが裸になったときにはきちんと教え、それ以外、つまり特にマナー違反ではないときや場所では、多少大目に見てやってもいいように思います。

女の子もいいのか、と言われれば、女の子は許されるのは四歳くらいまでで、それ以後はあまり感心できません。男の子ならよくて、女の子はよくないのかと言われれば、「はい」としか答えられません。だって、五歳以上の女の子が裸でいていいときって、滅多にないはずですから。

第2章

男の子の子育てが大変な理由《わけ》

どうして男の子の子育ては大変なのでしょう？
それにはこんな深〜い理由《わけ》があったのです。
心と体がす〜っと軽くなりますよ。

男の子は、「女性が困ること」をする
～とかく「男」の行動は、女性には理解されにくい～

女性が好きなもの。それは、「きちんとしたもの」「きれいで美しいもの」「清潔なもの」「危なくないこと」「荒っぽくないこと」「下品でないもの」etc……です。

反対に「イヤだな」と思うことが、その反対のもの。つまり「きちんとしていないもの」「きれいでないもの（汚いもの）」「危ないこと」「荒っぽいこと」「荒々しいもの」「品のないもの」などです。

女性は目の前でそういうことをされたり、そういうことが起こったりするのは、生理的にも感覚的にもイヤなのです。

ところが、見事、それらをしてくれるのが男の子です。

男の子は、女性、つまりお母さん方が、「受け入れがたいこと」「イヤだと思うこと」「苦手なこと」……をすぐにしてしまうのです。

女の子は、そういうことを男の子ほどはしません。

だから、お母さん方は、女の子は育てやすく、男の子は育てにくい、と思うのです。

でも……、女性のみなさん！

「男」と名のつくものなら、「男の子」だけでなく、実はほとんどの「男性」が、それらのことをしていることをご存じでしょうか。

第1章に書かれたことも、そのほとんどは、夫はもちろん、父親、兄、弟、会社の上司、同僚……、ほとんどすべてと言っていいほどの男性が、その歳になってもやり続けているのです。

だから女性は、とにかく相手がだれであれ、「男」というものと一緒に生活をすると、そのような「イヤなこと」「困ること」「あ～あ」な出来事、思わず「もうっ！」と言ってしまうようなことが、次から次へと起こるはずです。

そう、男は普通に動くだけで、女性から嫌われまくることをしているのです。

それは、特に生活を共にすると、顕著になります。

たとえば学校などでも、普段教室の中で、普通に一緒に授業を受けているときにはそんなことはないのですが、キャンプや合宿など、少しでも生活的なものを共有すると、男子学生はその日のうちに、もう女子学生から怒られまくっています。

手を洗わないで食事の準備をする、野菜の切り方が雑、すぐに暴れる、すぐにフザケる、すぐに汚いことをする、服をそのへんに脱ぎっぱなし、すぐに部屋を散らかす……などなど、さっき言ったような、女性が「イヤなこと」「受け入れがたいこと」を男子学生はすぐにするからです。

お母さんは「男の子の子育ては大変」と言いますが、たとえば夫に対しては、もっともっと大変に思っているのではないでしょうか。

男の子を育てる中で起こる「あ〜あ」な出来事や、思わず「もうっ!」と言ってしまうものと同じ色、同じ匂《にお》いがする「イヤな出来事」「困る出来事」「不愉快な出来事」は、もしかしたら夫から味わうほうが多いのでは、と思います。

あるアンケートでは、主婦の一番のストレスのもとが「夫」でした。

夫や息子から味わうのと同じ種類の「イヤさ」は、あなたのお父さんからも味わったことがありませんか?　ドアを開けっ放しでトイレをする、大きな音でおならをする、パンツ姿でウロウロする、やり方が荒っぽい、何をするにも不注意……、男というものは、本当に女性が嫌うことばかりしてしまうようです。

子どもといえども、「男の子」も立派な「男」予備軍です。大人の男性が行なうような、「女性にとってイヤなこと」「困ること」を、男の子なら二、三歳のうちからもうやり始めます。

だからお母さん方にとって、男の子は育てにくいのです。

子どもが同じことをしても、男と女で違う感じ方

ただし、「男の子が育てにくい」と思っているのは、もしかしたら「お母さん」だけかもしれません。お父さんは、お母さんほどは、男の子だからといって、特に育てにくいとまでは思っていないものです。

もしも、わが子が第1章に書かれているようなことをしたとしても、お父さんは、お母さんほどは気にならないのです。

たとえばお父さん、もしくはお母さんが、子どもと半日、遊園地に行ったとします。

それがごく標準的なお父さん、お母さんだったと仮定して、一緒に行ったのがお父さん、お母さんのどちらだったかで、まず、叱《しか》られた回数は十倍は違うはずです。

行き先も同じで、子どもが同じような行動をしたとしても、そのくらい違うものな

のです。

お母さんと一緒に行ったときは、まず遊園地に着くまでに、「ほらぁ、おなかが出てるでしょ！」「もっと早く歩きなさい！」「抱っこぉ？　自分で歩きなさい！」「もうっ！　地面はさわらないの！」「そんな高いところに上がったらダメでしょ！」……子どもは次から次へと「お小言」を聞くハメになるはずです。

お父さんと行ったときは、同じことをしても何も言われないことが多いのです。

遊園地に着いても同じです。

「そっちへ行ったら危ないでしょ！」「走ったらダメじゃないの！」「ほらほらアイスクリームが服につく！」「えー？　また同じのに乗るのォ!?」……。

「叱られた」というほどのものではなかったとしても、とにかく子どもにとっては、自分の行動にダメ出しがくる確率が、お父さんとお母さんでは十倍は違うのです。

ためしに、遊園地、電車の中、レストラン……どこでもいいので、お母さんと二人連れの親子と、お父さんと二人連れの親子を、十分ほどでいいので、別々にじっくりと観察してみてください。特にその子どもが男の子だった場合、その子どもが親から何かを言われる回数は全然違っているはずです。

男の子のすることをお母さんがすぐに怒る理由は、そのひとつひとつが「自分を困らせること」「怒るべきこと」だと思っているからです。

お父さんが何も言わないのは、怒るのを我慢しているのではなく、「別に自分は困らない」、つまり「どうってことのない」「怒るほどのことでもない」ことだと思っているからです。

お母さんにとっては、その日も、「もうっ！　ほんとに男の子は！」の一日だったかもしれませんが、お父さんにとっては、ただ楽しいだけの一日だったかもしれないのです。

幼稚園・保育園でも男の子は大変がられる

「男の子のすることに対する理解度は、男と女とでは全然違う」

それがわかったのは、私が長年、保育園という、女性ばかりの職場で働いていたからかもしれません。

男の子を「困ることをよくする」「怒られることばかりする」と思っているのは、お母さんだけでなく、幼稚園や保育園の女性保育者もそうだったのです。

たとえば、毎日担任の先生の怒る声がよく聞かれるクラスに、その先生が休みで私が入ることになったとき、ビックリしたことがあります。どんなに大変なクラスかと思いながら入ったのに、子どもは叱られるようなことは何もしていないのです。

当然、私は叱ったりはしません。

子どもの何がいけなくて、毎日あれだけ叱られていたのかが、本当に不思議でした。
そのクラスには、もうひとり同じパートの保育士さんが入っていましたが、そのクラスを見る先生が変わるだけで、子どもが叱られる回数がこれだけ違うとは……、と不思議がっていました。
別に私は、怒らないことをモットーにしているわけではありません。そもそも子どもたちが、怒られるべきことなど、何もしていなかったのです。

幼稚園や保育園では、「女の子の多いクラスはラク」「男の子の多いクラスは大変」とよく言われるのですが、私たち男性保育者がよく言うのは、「男の子が多いクラスは楽しくて仕方がない」です。私たち男性保育者にとっては、むしろ女の子の多いクラスのほうが大変なこともあるのです。

その八割が女の子、というクラスを年中クラス・年長クラスと、二度ほど持ったことがあるのですが、女の子独自の「仲間はずれ」や、小さなトラブルがあちこちで起こっていたらしく、それを見抜いたり、対処したりするのが大変でした。「起こっていたらしく」というのは、見た目ではわからないので、私は全然気づかず、お母さん方から指摘されてやっとわかったのです。

その他、ひとりひとりへの叱り方、落ち込んでいるときの接し方、三人グループを叱るなら全員、ほめるのも全員、など、女の子は気を遣《つか》わなければいけないことがとても多く、暴れん坊の男の子ばかりのクラスを持ったこともあるのですが、私にはそのほうがある意味よほどラクだったように思います。

ところが、私には居心地のよい、その男の子だらけのクラスも、私が休みで違う女の先生が入ったときは、何度もため息をつかなければならなかったようです。

これもひとえに、男の子というものが、女性にとっては「困ること」「イヤなこと」ばかりをするからだと思います。

#「男の子」は大変！「夫」はそれ以上に大変!?

お母さん方にとって「男の子の子育て」は大変かもしれませんが、「夫はもっと大変！」とおっしゃる方も多いように思います。

世の中の夫婦の共通点は、「夫はみんな奥さんに怒られまくっている」ということかもしれません。

どんなことで怒られているかと言えば、おそらくたとえばこんな内容のものではないでしょうか？

★不注意で、手前のオムレツのケチャップが袖《そで》についた。

★四人家族なのに、ひと皿に盛ったおかずを半分以上取った。

★人（妻）の話を聞いていない。

★今日の帰りが遅いのを言ってくれていなかった。

★相談なしで電化製品を買った。
★大きな音でおならばかりする。
……などなど。

いずれも、他の夫から見ると、「あのくらいで怒られてかわいそうに……」、他の奥さんから見ると、「あの奥さんが怒りたくなるのもごもっとも……」です。

そう、とにかく男というのは、女の人が困る、イヤがることばかりしてしまうのです。

では、女性はしないのか！　と聞かれれば……、しないのです。

私は長年女性ばかりの職場に身を置いていたのでよくわかるのですが、宴会などに行っても、女性は確かに何かを取るとき、手前に細心の注意を払うので、袖がケチャップだらけになった女性など見たことがありません。男性ならこれまで百人は見ました。

それが四人のものだとわかると、女性はきっちりと四分の一を取ります。男性のようにいきなり半分以上取る女性は、一万人にひとりもいないのです。

女性は、人の話を聞くときは、いかにも関心を持っているかのように聞きます。

しかも笑顔やあいづちをまじえながら。

相手が困るかもしれないようなことは事前に必ず知らせ、少しでも迷惑にならないように配慮します。

それが自分ひとりの意志で決めてはいけないのかもしれない問題のとき、女性は必ずだれかに相談します。ときには、自分の一存で決めてもいいことでさえ、ポーズででも相談します。

人前で大きな音でおならをしまくるなんて考えられないことです。

そんな女性は一万人にひとりどころか、百万人にひとりもいないのです。

そんな、女性の世界では考えられないことばかりをするのが男なのです。

でも、逆の立場で言わせてもらえば、そうしたくらいでは何も言われないことのほうが多かったのが男の世界なのです。

男の側からすれば、「それくらいのこと」でいちいち文句を言われるほうが心外なのです。

男と女は、しょせんはわかりあえない間柄なのかもしれません。

「男の子」と女性も。

第3章

男の子の子育てが ウソのように ラクになる 魔法のキーワード5

これを頭の片隅に置いておくと、
これまで大変でしかなかった男の子の子育てが、
魔法のようにみるみる楽しくなってきます。
そのキーワードは5つあります。

他人《ひと》の仕事はどんなものでも「大変そう」に見えます。

でも、当の本人たちは案外、平気です。

本当は「大変」なことかもしれないけれど、毎日のことだし、もう慣れてしまっているので、「大変」とまでは思わないのです。

子育ても同じだと思います。

毎日の子育てでは、本当に「大変」なことばかりが起こっているように思えるけれど、それは自分が「大変」だと思うから「大変」になってしまうのです。自分さえそう思わないようにすれば、それは「大変」なことではなくなるのです。

この章では、子育て（特に男の子）の中で毎日のように起こる「大変なこと」が、まったくそう思わなくなっていくという不思議なことが起こる、「魔法のキーワード」をご紹介しましょう。

魔法のキーワード、それは、

「あきらめる」

「少し我慢する」

「なんでもないことと思う」

「感謝する」

「笑う」


の五つです。

お金も時間もかかりません。

手間もヒマもかかりません。

でも、その威力はバツグンです。

これまで「大変」だったように感じていた「男の子の子育て」が、ウソのようにラク～になっていきます。

まさに魔法のようなキーワードです。

頭の片隅にそっと置いておいていただきたいと思います。

キーワード 1

あきらめる

「あきらめる」といっても、「がっかりしなさい」というのでもなければ「お母さんが犠牲になりなさい」というのでもありません。

たとえば、赤ちゃんの母親は、赤ちゃんがしゃべることはあきらめています。本当は赤ちゃんがしゃべってくれたらどんなにうれしいだろうと思っています。でも母親というのは、赤ちゃんが話をしてくれることはあきらめているからこそ、毎日あんなにやさしい言葉を赤ちゃんに一方的に投げかけることができるのです。

子どもが歩きだしたころ、たとえばちょっとコンビニまで買い物に行くとき、自分一人なら五分で行ける距離でも、子どもと一緒のときは、五分で行くのをあきらめています。でも、だからこそ、ときどき立ち止まって飛行機を指さして子どもを喜ばせたり、道端の草花に親子で目をやる余裕が生まれたりするのです。

一人であろうと子どもと一緒であろうと、五分で行くのをあきらめきれないお母さんは、空とぶ飛行機には目もくれず、子どもが途中の草花をさわろうとしたなら「ダメダメ！」と強引に手を引っ張っています。

「あきらめる」とは、すなわちその姿を認めることです。

「あきらめる」ことができたら、困ることも起こりますが、その何倍ものいいことが待っています。

赤ちゃんがしゃべるのをあきらめているお母さんは、赤ちゃんが何かを訴えたとき、一生懸命その気持ちを探ろうとします。やがて、何もしゃべっていないのに、母親は赤ちゃんの気持ちがなんでもわかってきます。

子どもと歩くときは、目的地に早く着くことをあきらめ、倍以上の時間がかかることを認めたお母さんは、そのご褒美《ほうび》に、道中で笑顔になれる出来事がたくさんやってきます。子どもの笑顔もたくさん見ることができます。

いずれも、それらをあきらめきれなかったお母さんには経験できないことです。

男の子の子育ても同じです。

大変なことやイヤなこと、もしも女の子だったなら決して起こらないようなことが次から次へと起こったとしても、それを否定するのではなく、丸ごと受け止めるのです。

「これが男の子なんだ」とあきらめるのです。

あきらめてソンはありません。あきらめたその日から、いいことがたくさんやってきます。男の子からしか得られない子育ての喜びや楽しさ、そしてかわいらしさをたくさん感じられるようになるのです。

子どもにも自分にも、自然と笑顔が増えていきます。

キーワード
2

少し我慢する

人を応援するとき、「頑張れ」と人はよく言いますが、「頑張る」とは、私はひと言で言えば「我慢すること」だと思っています。

マラソンランナーに「頑張れ」と声をかけたその人は、「しんどくても我慢しろよ」と言っているのです。

何かのスピーチでいまにも泣きそうになったとき、「頑張れ！」と声がかかれば、それは「涙が出そうでも我慢して話そうね」と言われているのです。

そう、「頑張る」とは、まさに「我慢すること」なのです。

男の子を育てていると、毎日が悩みのオンパレードになりがちです。

でも、人の悩みって、その一番の解決策は、「それを少し我慢すること」というのをご存じでしょうか？　「少しの我慢」さえできれば、ウソのようにその悩みから解放されるのです。

たとえば、通勤で同じ二時間かかる人でも、それが悩みの種になっている人は、二時間かかることを我慢できない人です。するとそれがイヤでイヤで仕方なくなります。朝、目覚めたときから、うっとうしい気分になります。

二時間かかることが、本当はうれしくないのだけれど、それを我慢して受け入れている人は、それが悩みではなくなり、毎日ごく普通に機嫌よく通勤ができます。

少し我慢をするだけで、苦痛が苦痛でなくなるわけです。

男の子の子育ても同じです。

男の子は確かに、母親が困ることやとんでもないことを、毎日これでもかというほどやってくれますが、ほんの少し我慢をするだけで、それらが別に「困ったこと」でも「悩み」でもなくなるのです。「少しの我慢」さえできれば悩みはみるみる減っていき、ウソのように、毎日気分よく過ごせるようになるのです。結局は自分のトクになるのです。

たとえば、家で虫を飼うなんてとんでもないという母親がいたとします。なのに、子どもがどうしても虫を飼うということになったとき、それを「我慢」できない母親は、毎日子どもに文句ばかり言うようになります。

ところが、本当はイヤなんだけれども、「少し我慢」をして受け入れると、もう悩みではなくなるどころか、子どもと同じ気持ちになることができるようになり、不満や文句の言葉はいつのまにか影をひそめ、虫を通して子どもとの会話が弾んだり、「子どもの感動」を共有できるようになったりするのです。

男の子の子育てはちょっとの我慢が大事。

我慢といっても、お産の我慢などに比べたらちっぽけな我慢です(だと思います)。

世の中、我慢ができる人には、その何倍もの喜びが待っているものです。

世の中には、毎日笑顔で楽しそうに男の子の子育てをしているお母さんがたくさんいます。でも、そのお母さんにも毎日いろいろ大変なことはやってきているはずです。なのに、どうして笑顔でいられるのか。おそらく我慢しているのだと思います。

「少し我慢する」ことさえできたなら、そのお母さんのように、男の子の子育ての中で起こるすべての出来事が、自分の笑顔になるのです。

キーワード
3
「なんでもないこと」と思う

別に男の子を持つ親でなくても、人には、イヤなこと、困ることが毎日起こります。ひと月前はもちろん、昨日も、そして今日も、イヤなこと、困ったことが山ほどあったはずです。

確かに男の子を育てている母親には、そんなことが特にたくさんやってくるかもしれません。そのひとつひとつが母親の心を悩ませ、疲れさせます。

では、ここでちょっとおたずねしますが、ひと月前にあなたが子育てで悩んでいたこと、困ったこと、イヤだったことは何でしょう？　覚えていますか？　二十や三十はあったはずですよ。

思い出せなかったら、では、昨日はどうでしょう？　子どものことで自分が困ったり、腹が立ったりして思わず「これーっ！」「もうっ！」となってしまったことを、ひとつでも覚えていますか？　昨日だけでもたくさんあったはずですよ。でも、おそらく、ひとつも思い出せない（思い出してもひとつかふたつ）のではないでしょうか？

どうしてか？　それは、そのほとんどが、いま考えれば別になんでもないことばかりだったからです。あまりにもなんでもなかったことなので、一日たつともう忘れてしまっているのです。

「子どもの不注意で牛乳をこぼした」「グズグズしてなかなか着替えなかった」「さんぽの途中で石ころを拾った」……、落ち着いて考えれば、なんでもないことなのに、そのときは、まるでとんでもないことが起こったかのように、大声で怒鳴ったり、困ったり、落ち込んだりしませんでしたか。

子どもと一緒にいるときの様子を、三十分でいいのでビデオに撮って見てみるとよくわかります。自分が見ても、いかに「なんでもないこと」「ごく些細《ささい》なこと」に腹を立てているかがわかるはずです。その様子を見るとおかしくなって、きっと自分でも笑ってしまいます。「あのくらいのことで、あんなに心を乱してソンをした」とも思うはずです。

男の子がしでかすことは、その九割は本当に「なんでもないこと」です。なんでもないことはそのまま「なんでもないこと」と思うほうが自分の精神衛生のためにもいいのです。

実際「牛乳をこぼした」くらい、なんでもないことです。自分もよくしてしまうことかもしれないのです。あんなにカッカしないで、「こぼさないように気をつけてね」のひと言でよかったのです。「グズグズして着替えない」のも、「さんぽ中に石ころを拾った」のも、なんでもないことです。大騒ぎしなくてもよかったのです。もう一度言います。男の子がすることで、お母さんを困らせることのほとんどは、本当に次の日は、すべてすっかり忘れてしまうほどの「どうでもいいこと」「なんでもないこと」です。いちいち腹を立てたり悩んだりしていては、心がいくつあっても足りません。

お父さんなら、同じことが起こっても、それほど大騒ぎしないものです。「牛乳がこぼれるぞ」で終わっています。それでいいのです。心がいつも穏やかでいられます。

お母さんの心に波風を立てていた犯人は、お母さん自身だったのです。

キーワード4

感謝する

男の子を育てているお母さんたちの会話を聞いていると、子どものことで毎日起こる大変なこと、困ることばかりを話しています。「うれしいこと」はめったに話題になりません。

でも、男の子を育てていることで、毎日起こるその「大変なこと」「困ること」のひとつひとつの出来事は、あと十年もすれば、そのすべてが必ず「いい思い出」「なつかしい思い出」になります。「できるならあの時期に戻りたい」と言う母親もいます。

そう、いま、子どもから受ける毎日のその「大変なこと」「困ること」のひとつひとつは、後年、心からいとおしく思うほどの、すばらしいエピソードの数々になるのです。

いくらお金を出しても買えない、そんないい思い出づくりに、いま協力してくれているわが子に、本当は感謝をしなければならないのです。

感謝といえば、神様にも感謝をしなければいけません。

子どもが生まれたとき、ほとんどの親は、神様にこうお願いします。

「明るく元気に育ってくれますように……」

人はみな、それが何にも勝る、一番のお願いだったはずです。

でも、二年、三年たつうちに、親はそんなお願いをしたことさえすっかり忘れてしまいます。

どうしてかと言うと、そのお願いは、ほとんどの親は、当然のように叶《かな》ってしまっているからです。

あまりにも簡単に叶ったので、そのありがたさも、そんなお願いをしたこともすっかり忘れているのです。

よく考えれば、たとえば「すぐに泣く」「落ち着きがない」「いつも自分につきまとう」といった親の悩みは、子どもが「元気で明るく」育っているからこそ出てきた悩みと言えはしないでしょうか。そう、神様にお願いした一番の願いは、叶っているのです。

子どもが生まれたときは、「何かあってもすぐに泣きませんように」とか、「動きに落ち着きがある子どもになりますように」「自分につきまといませんように」などとは、だれも願っていなかったのです。

一番の願いが叶っている有り難さは忘れ、親は、子どもが生まれたときには十番目、二十番目だったはずの願いを追い求めます。「感謝」や「満足」というものを知らなさすぎるのです。

子どもが、願ったように「明るく元気に」育っているのなら、まず、そのことをありがたく思い、感謝すべきです。

かけがえのない思い出づくりにいま、まさに協力してくれている子どもに感謝！　そして、元気に明るく育ってくれ

ていることに感謝！　その願いを叶えてくださった神様に感謝！　です。

もしかすると、そういうことは、子どもが成人したころにやっと気づくことかもしれません。

でも、もしもいま、気づくことができたならば、親も子も、いまよりももっともっと楽しい毎日が必ずやってきます。

キーワード5　笑う

子育て中のお母さんの中には、それこそ毎日笑顔いっぱいのお母さんがいます。

かたや、いつもしかめっ面《つら》をして、毎日怒っているお母さんもいます。

子育てが楽しくなるコツは「笑う」ことなのになあ、と残念に思います。

でも、そんなことを言うと、「楽しくもないのに笑えない」「笑うほど楽しいことは子育ての中ではあまり起こらない」と言われます。

そんなことはありません。

私は、子どもは、どんな子どもでも、一日百回は親を笑顔にすることをしている、と思っています。どんな子でも、です。

たとえば赤ちゃんは、その存在そのものが親を笑顔にします。起きているときはもちろん、寝顔もかわいいし、あくびをしてもくしゃみをしてもかわいいものです。

一歳、二歳になれば、赤ちゃんのころのようなかわいさはなくなってしまうかもしれませんが、今度は、そのころならではのかわいらしさがやってきて、やはり親が笑顔になれることを毎日してくれるのです。

先日こんなことがありました。

二歳くらいの男の子が、お母さんと一緒に電車から降り、男の子はふり向いて、乗っていた電車に向かってバイバイしようとしました。なんとも言えないかわいい光景で、私は目を細めて見ていました。ところが、そのお母さんは「もうっ！ 急ぐのよ」と言って、強引に男の子の手を引いて行ってしまったのです。

子どもはせっかく親が笑顔になれることをしていたのに、その親は、ニコニコモードになるどころか、「もうっ！」とイライラモードになってしまったのです。

あの子どもは、そんな親を笑顔にすることを他にも一日百回はしているはずです。

でも、あんなかわいい姿でさえ「イライラ」のもとになるのだったならば、あの親はおそらく子どものすることなすことに怒ってばかりの毎日で、子育ても楽しくないだろうな、と思ったものです。

他人《ひと》ごとではありません。

たとえば、あなたは子どもが顔中ソフトクリームだらけにしながら食べているとき、怒っていませんか？

セミの抜けがらを手の中にいっぱい集めて持ってきただけで文句を言っていませんか？

子どもがよそ見をして看板に当たっただけで責めていませんか？

特に男の子は、そういうことをすぐにします。

でも、それらは、実は「怒り」ではなく「笑顔」のもとになる出来事でもあるのです。

実際、それらをすべて自分の笑いにしているお母さんも多くいます。

それらを笑いに転化するのはだれでもできます。たとえば、もしも自分の友人が同じことをしたなら、怒らないですべて「笑い」にしているはずです。

「顔にクリームがついているよ。アッハッハッ……」

「キャ～、なに、それ！　セミの抜けがら？　やめてよー、キャハハハハ……」

「看板なんかに当たって、おっちょこちょいなんだからぁ、ハハハハ……」

もう一度言います。

どんな子どもも、親が笑顔になれることを一日百回はしています。特に男の子は、突拍子もないことやおもしろいことをすることが多いだけに、男の子のいる家庭には、女の子しかいない親には味わえない笑いがたくさん待っているのです。

第4章

《これ》さえなければ、男の子はグングン伸びる

〜無意識にやっているお母さんの悪いクセ20〜

お母さんたちがやってしまいがちな「クセ」です。
お母さんからもしもこれがなくなれば
男の子はのびのび育ち、グングン成長します。

ある保育園の誕生会で、先生が、子どもたちにひとりずつインタビューしていました。

ある子どもは、お母さんのことを聞かれました。

「〇〇くんのお母さんはどんなお母さんですか？」

その男の子は言いました。

「怒ったらこわ～い。だけど好き～！」

それを聞いて、私は約三十年前の新人保育士時代、やはり誕生会で、同じことを子どもに聞いたとき、そのときもまったく同じ答えが返ってきたことを思い出しました。

でも、子どもにお母さんのことを聞くと、ほとんどの子どもはそう答えるように思います。いまも昔も、おそらく百年前の子どももそう答えていたのではないでしょうか。

そうです。子どもは、どんなに怒られても、どんなにお小言を言われても、お母さんのことが大好きなのです。

私は、子どもがそう言うのは当然だと思っています。

お母さんというのは、本当に子どもから慕われ好かれるようなことばかりをしています。わが子に慕われ、好かれるようなすばらしいかかわりを、毎日しているのです。

本人は意識していないから気づかないだけです。

でも、残念に思うことがひとつだけあります。

逆に、子どもの心を遠ざけてしまう（はっきり言って嫌われる！）かかわりも、これまた無意識のうちにたくさんしてしまっているのです。

《これ》さえなければ、子どもともっともっといい関係を築くことができるのにな、子どもはもっともっとお母さんを好きになるのにな、と思う《これ》です。

実は男の子の子育てを、ますますやりにくくしてしまっている原因のひとつも《これ》なのです。

《これ》さえなければ男の子はグングン伸びていきます。

そんな《これ》を、こっそりご紹介します。

心当たりのあるお母さんは、こっそり読んでほしいと思います。

クセ 1

「余計なひと言」を言う

「あなたはいつもこうなんだから」「こんなこともできないの!?」「いつまでかかってるの」……。子どもを注意するとき、お母さんは、「余計なひと言」が入ってしまうことが多いものです。でも、それらは言ってはならない、文字どおり「余計なひと言」で、子どもはそれで言うことを聞くどころか、かえって言うことを聞かなくなったり、機嫌を悪くして、ますます「扱いにくい」子どもになったりします。

人は、嫌われたら困る相手には、そんな「余計なひと言」は言わないものです。家族など、身近な人にはつい言ってしまいがちですが、そういう言葉を積み重ねていくと、家族といえども、だんだん気持ちが離れていってしまいます。

どうして よくないの？

「余計なひと言」は相手との関係を悪化させる

「余計なひと言」の中身は、もう一〇〇％皮肉かイヤミのどちらかです。言われたほうは「悲しみ」「怒り」「悔しさ」といったマイナス感情しか抱きません。それどころかそう言う相手を嫌ったり恨んだりするようにさえなります。「余計なひと言」は、相手との関係を悪化させる言葉で、もしも大人に言ったなら、必ずや反論されたり、逆襲されたりする言葉です。言った本人はスッキリするかもしれませんが、断然言わないほうがいいのです。

じゃあ どうすれば？

するべきことだけを言う

注意したいこと、伝えたいことだけをストレートに言うようにし、それが言えたらそれでよしとするのです。たとえば、静かにしないといけないところで子どもが暴れていたならば、「ここで暴れてはいけない」ということを伝えればいいのです。「いつもこうなんだから」「もう連れてこないからね」などは、すべて「余計なひと言」です。子どもはその言葉で傷ついたり、悲しくなったりし、泣く、わめく、余計に暴れる、など、かえって親が困るリアクションが出てきやすくなります。

クセ 2

気になった点（文句）を一番に言う

お母さん方が、愛するわが子を見たとき、何より先に出てきやすいのが「文句」の類《たぐ》いです。たとえば夕方、保育園にお迎えに来たお母さんたちが、まず初めに子どもにかける言葉で多いのが、**「またシャツが出てる！」「うわ！　汚ない！」「あら、朝着てきた服は？」**などの文句や苦情です。まず、気になったことを一番に声に出して言わないと気がすまないのです。長い海外生活から戻った息子を空港で迎えた母親が、最初に言った言葉が「何!?　そのヘアスタイル！」だったという話もあるのですが、これはどの母親にも十分起こりうることです。気になったことをどうしても一番に言ってしまうのです。特に男の子は、とにかくいつも母親から何かを言われることをしていることが多いので、いきなりダメ出し言葉を受けるのは、断然男の子に多いようです。

どうしてよくないの？

一番に否定言葉を言われるのはイヤ

気になったのはわかるけれども、何も一番に言わなくてもいいのであるはずです。他に言うべき言葉はいくらでもあるはずです。人は、一番に自分を否定する言葉を言われると、全面否定された気持ちになり、がっかりします。心もくさり、やる気も失います。保育園で八時間ぶりに会った母親から、まずは自分を否定される言葉を一番に浴びせられる子どもが、私はいつもかわいそうで仕方がありませんでした。やはり、特に男の子がよく言われていたようです。

じゃあどうすれば？

気になったことは二番目に言う

気になっても決して言うな、というのではありません。言ってもいいから、二番目以降に言ってほしいのです。先のお迎えの例で言えば、子どもと久しぶりに会うのですから、「おりこうさんにしていた？」でもいいし、「今日は何をして遊んだのかな？」でもよかったのです。まずは子どもが笑顔になることを言うのです。気になったことは、そのあとでいいのです。それでこそ、子どももお母さんの言うことに耳を傾けることができるようになるのです。いきなり「うわ！　汚い！」はやめましょう。

クセ 3

皮肉やイヤミを言いながら手伝う

着替えのとき、「もうっ！　本当に赤ちゃんなんだから」と言いながら着替えを手伝ったり、「もうっ！　自分で食べてね！」と言いながら、お母さんがスプーンを持って食べさせてやる……、といったことをお母さんはよくしています。早く着替えてほしい、早く食べ終えてほしい、というお母さんなりの都合もあって、本当は自分でしてほしいと思いながらも、つい手伝ってしまいます。

でも、「手伝う」というのは、愛情がないとなかなかできない行為です。子どもも、特に男の子は、自分の衣食住に関することをお母さんに手伝ってもらうのが大好きです。それはその裏にある「お母さんの愛情」を感じ取っているからです。でも、できれば皮肉やイヤミは言わないで手伝ってほしいなあと思っています。

どうして よくないの？

せっかくのお母さんのやさしさが隠れてしまう

そういう自分の衣食住に関することをイヤがらずに手伝ってくれるのは、自分のことを愛してくれる人だけだということを子どもは知っています。「手伝う」というのは、お母さんにとっては、子どもへの愛情が伝わるまさにチャンスタイムなのです。なのに、イヤミや皮肉を添えながらやってしまうと、子どもは、そのうれしさを感じにくくなってしまい、せっかくのお母さんのその愛情も伝わりにくくなります。実にもったいない話ではないでしょうか。

じゃあ どうすれば？

手伝うと決めたならイヤミは言わない

本当に「ひとりでしなさい」と思っているならば、最後まで手伝わなければいいのに、手伝っているのはお母さんです。子どもの意思ではありません。手伝うと決めたならば、皮肉やイヤミは言わず、ここは素直に子どもの甘えを認め、「お母さんが手伝うからたくさん食べるのよ」「次からは自分で着替えるのよ」とやさしい言葉を添えながら手伝うと、子どもはその満足感からその言葉を受け入れていきます。子どもも夫も、男は母親(夫は妻)からのやさしい言葉とお手伝いには弱いのです。

クセ 4

すぐに怒り口調になる

「ちょっとぉ、なんでこんなことをするの！」「○○って言ったでしょ！」……。

母親というのは、子ども（夫にも？）に注意をするとき、普通の言い方で言うということがなかなかむずかしいようです。自分はごく普通に言ったつもりなのに、「そんなに怒らなくってもいいじゃない」と子どもや夫から言われたことはありませんか？「別に怒ってないじゃない！」と言い返したその口調も、また怒ったようになっています。

自分は怒り口調では言っていないつもりでも、女性は、心の中に少しでも不安・イライラ・相手に対する文句などがあるときは、相手からは、どう見ても怒っているようにしか聞こえない口調で言ってしまうことが多いようです。

どうしてよくないの？

「怒り口調」は人を不愉快にさせる

人は、怒り口調でものを言われると、不愉快になります。たとえば電車の中で、突然「ちょっとぉ、私の足、踏まないでよ！」なんて怒り口調で言われると、こちらが悪かったとしても「そんなに怒らなくってもいいじゃない」と思うものです。相手に怒り口調でものを言ってしまうと、人は反発するだけで、素直になれなくなってしまうのです。自分に対してすぐに怒り口調でものを言う人がそばにいたなら、大人なら一週間でノイローゼになってしまうかも。

じゃあどうすれば？

「普通の言い方」で言えばOK

言いたいこと、伝えたいことを、ごく普通の言い方で言えばいいのです。たとえば、子どもがゴミをポイと捨てたとしても、「またそんなところに捨てて！」と、怒り口調で言わず、「そんなところに捨てないで、ゴミ箱に捨てなさい」と、ごく普通の言い方で言うのです。怒り口調では言わないように、と言っても、「〇ちゃん、そんなところに捨てたらダメよ」と甘い声でやさしく言う必要はありません。普通でいいのです。男の子は元来素直なので、厳しい言い方よりも、かえって言うことを聞けるのです。

クセ 5

すぐに「早く…」と言う

母親が子どもに言う言葉で一番多いのが、「早く……」という言葉だそうです。ある調査によると、平均的な母親で一日四十回言っているそうです。そんなバカな！　と思った父親が数えてみると、子どもが朝出かけるまでに四十回を楽々クリアしていたという笑い話があるくらいです。

そう言えば、街ですれ違う親子を見ても、ちょうどすれ違うその数秒の間に「早く……」と言っているお母さんをよく見かけます。お母さんたちはさほど急いでいないときでも「早く……」と言っています。そのつど、早くしてもらわないと困る事情があるのはわかりますが、やはり、ちょっと言いすぎかもしれませんね。

どうして よくないの？

せかされるのはだれでもイヤ

もしもコンビニでコピーをしているときに後ろから「早くして！」と言われたなら、いい気はしませんよね。「早く……」というのはそれほどきつい含みがある言葉で、相手の反感を買う言葉なのです。だれでもせかされたらイヤな気分になります。子どもだから言い返さないだけで、本当は「早く……」と言われながらしたくないのです。それが一回や二回ならともかく、一日四十回も言われたらたまりません。一年間で一万五千回も言われるわけですから。

じゃあ どうすれば？

言葉の中から「早く」の文字だけを消す

「早く」だけが余計なので、言いたい言葉から「早く」を取り除けばいいのです。たとえば「早く(テレビを)消して！」ならば、「(テレビを) 消して！」でOK。「早く靴を履いて！」ならば「靴を履いて！」でいいわけです。それで十分伝わります。「早く」のところへ「はい」を入れるつもりで言えば、もっと言いやすくなります。「はい、消して」「はい、靴を履いて」となるわけです。いままで四十回言っていたのをいきなりゼロにはむずかしいので、半分になればOKくらいのつもりでいいでしょう。

クセ6

疑問形で叱る

子どもを叱《しか》るとき、ほとんどのお母さん方は、疑問形で叱っています。たとえば子どもがその辺にゴミを捨ててしまったとすると「どこに捨てているの!」「だれがそんなところに捨てるの!」「どうしてそんなところに捨てるの!」。机の上に上がると「どこに上がってるの!」「どうしてそんなところに上がってんの!」「だれがそんなところに上がるの!」。その他、「いつまでマンガを読んでるの!」「何時だと思ってるの!」「何してんの!」……。

「いつ」「だれが」「どこで」「何を」「どうして」を書くのが新聞記事の鉄則だそうですが、まさにその五つの疑問形をふんだんに使った叱り方をしているのです。お父さんに比べて断然お母さんに多い叱り方です。効果がないどころか、子どもを叱るときの一番まずい叱り方でもあるのです。

どうしてよくないの？

単なる文句にしか聞こえない

文章で書いてみるとよくわかります。「どうしてそんなことをするの」「いつまで起きてるの」「だれがそんなことをするの」。単なる疑問文です。言われた子どもは、言うことを聞こうにも、どうすべきか、何がいけないか、といったものが言葉の中に何もないので、言うことの聞きようがありません。だから子どもはその人の顔をじーっと見るだけのことが多いものです。疑問文の叱り方は、ずいぶんイヤミな叱り方で、相手から素直さを奪い取る叱り方なのです。

じゃあどうすれば？

するべきことを具体的に言う

子どもを叱るときは疑問文で言わず、すべきこと、してはいけないことを具体的に言えばいいのです。ゴミをそのへんに捨てたなら「ゴミはゴミ箱へ捨てなさい」、机に上がっていたなら「降りなさい」でいいのです。「どこに……」「だれが……」なんて一切必要ありません。すると子どもは面白いくらいに、そのとおりのことをしてくれるようになります。大人でも、「いつまで立ってんの!」なんて言われたら腹が立ちますが、ストレートに「座ってください」と言われれば、喜んで座りますよね。

クセ 7

「…しないなら、もう…してあげない」式の叱り方

お母さん方は、子どもに言うことを聞かせたいとき、「お片付けしないなら、おやつをあげないわよ」「ママの言うことを聞けないなら、もう公園に行かない」といった言い方をよくしています。「そういうイヤな目に遭《あ》うのがイヤならば、言うことを聞きなさい」というわけです。

相手の弱みを握っている人が言いやすい言い方で、大人社会の中でも、客が店員に「サービスしてくれないと、もうこの店では買わないよ」と言ったり、部長が社員に「成績を上げないと、休み返上だぞ」と言っていることがよくあります。比較的即効性があり、シブシブながらでも従ってくれることが多いので、子どもにはとても便利で、もうクセになってやめられなくなってしまう叱り方です。だからコワいのです。

どうしてよくないの？

無理やり従わせただけ

子どもにとっては一番イヤな言われ方です。そう言われたら、もう従うしかないわけです。イヤだけれども、その条件を飲まざるを得ないときは、悔しくて泣いて抗議の意思を示すときもあります。その脅《おど》しに負けて従っただけなので、決して素直に言うことを聞く子どもになったわけではなく、それが続くと、今後もずっとそういう罰のようなものが待っていないと動けない子どもになってしまいます。

じゃあどうすれば？

言い方を逆にし、肯定的に言う

「◎◎しないと××するよ」と言わず、その逆を言うのです。つまり「お片付けしないとおやつをあげない」ではなく「お片付けしたらおやつにしよう」、「ママの言うことを聞けないなら公園に行かない」ではなく「ママの言うことを聞けたら公園に行こう」と言うのです。子どもは、さっきとは全然違うリアクションを示すはずです。イヤな気持ちにもなりません。それどころか、目標ゲットのためにイヤなこともがんばってやろうとする、よい習慣がそのつど身につきます。

クセ 8

自分のことを否定されるとすぐに逆ギレ

おしゃれな服やアクセサリーを身につけたあと、子どもに「どうお？」と聞いたとします。そのとき子どもが「へーんなの」とか「似合わない」と言ったとしたら、もう八割方のお母さんがこう答えます。「あっ！　そんなこと言うならもう◎◎してあげないから」……。お母さんが作った食事を子どもが「これまず～い」と言ったとき、これまたかなりのお母さんはお怒りモードになって「文句ばっかり言わないで食べなさ～い！」「もう食べなくてよろしい！」などと冷たい言葉を言い放ちます。

お母さんというのは、たとえ子どもでも、自分のことを認めてくれない言葉を言われると、心中穏やかでなくなり、すぐにお怒りモードになってしまい、反射的に冷たい言葉を言い放ってしまうようです。

どうしてよくないの？

本当の思いを言わなくなる

子どもはそのときどきで、思ったことを正直に言っただけです。似合わないから「似合わない」、おいしくないから「おいしくない」と言ったのです。大人なら心の中で思うことを、たまたま口に出しただけです。だからと言って、いきなり冷たい言葉をかけられたのでは、子どもがかわいそうです。そんなことが続くと、お母さんには、何を聞かれても、何も言わないか、本当の思いを隠し、まずはお母さんを怒らせない言葉を選ぼうとする、変に気を遣う子どもになってしまいます。

じゃあどうすれば？

笑って受け流す

何でも思ったまま正直に言うのが子どもです。子どもの口から、少々不愉快になる言葉、耳の痛い言葉が出たとしても、いちいちカッカしないで、笑って受け流していればいいのです。冷たい言葉を返されると、たとえ冗談であっても、子どもはその言葉どおりに受け取る習慣があるので、ショックを受けます。イヤな気持ちになります。お父さんなら、子どもから少々のことを言われても、真剣に受け取らず、笑って「そうかあ」と言ったりすることが多いようです。そんな大らかさがほしいところです。

クセ 9

すぐに「もうっ！」と言う

お父さんはあまり言わないけれど、お母さんなら毎日何回も言っている言葉があります。それは「もうっ！」という言葉です。

たとえば、子どものリュックを開けたとき中がグチャグチャになっていたら「もうっ！」、食堂でお箸《はし》を落としたら「もうっ！」、ちょっと危ないことをしたら「もうっ！」。数えたわけではありませんが、一日に百回くらい子どもに言っているお母さんもいます。ウソだと思ったら、遊園地で、あるいはレストランで、お母さんと一緒の親子を十分間ほどその様子を見てみてください。その短い時間の間だけでも「もうっ！」が、何回も聞けると思います。

どうしてよくないの?

「もうっ!」は言われたほうは不愉快に

「もうっ!」は、「私は腹が立ちました」というときに出る言葉です。「もうっ!」が出るたびに、気持ちが怒りモードになるので、相手にきつい言葉、冷たい言葉が出やすくなります。「もうっ!」は、言うほうは気軽に言いますが、言われたほうは不愉快になる言葉です。電車の中で、隣の人にカバンが当たっただけで、「もうっ!」と言われたら、イヤな気持ちになりますよね。子どもも本当は「もうっ!」なんて言われたくないのです。言われるたびに、自分を否定されているように感じます。

じゃあどうすれば?

「許容範囲」を広めに

「もうっ!」は、相手に対する許容範囲が狭い人ほど多く出ます。許容範囲をいまよりやや広く持つだけで、「もうっ!」は半減します。実際、「もうっ!」と言ったそのひとつひとつをあとで思い返すと、「どうしてあのくらいのことで腹を立てたのだろう」と思うような、別にどうってことのないことばかりだと思います。それこそかばんの中が整理されていなかっただけで、「もうっ!」なのですから。「もうっ!」と言われなくなると、子どもはのびのびとしだします。男の子には特に大切なことです。

クセ 10

子どもが本当のことを言ったときに叱る

子どもを見ていて「かわいそうだな」と思うときは、本当のことを言ったのに叱《しか》られている、というときです。たとえば、外出先で「おしっこ！」と言っただけで叱られる子どももいます。「どうしていまごろ言うの！」「なんでおうちでしてこないの！」。子どもは、ただ「おしっこに行きたい」という本当のことを言っただけなのに叱られるのです。

トイレに関することだけではありません。「指をはさんだ」「○○がなくなった」「△△をこぼした」「これ、きら～い」……。事実を正直に言ったとき、まず最初にされることが叱られることです。特に、言った相手がお母さんだったときには……。

どうしてよくないの？

ウソをつくようになる

子どもにしてみれば「本当のことを言ったらなぜか叱られた」となります。正直に「おしっこ」と言って叱られるのならば、子どもは、次からは「おしっこは？」と聞かれても、本当は行きたくても「ない！」と、ウソを言うようになります。本当のことを言えば、また叱られると思ってしまうのです。指をケガしたのに、その指をお母さんに見られないようにした子どもがいました。おそらく、「ケガをした」と正直に言えば、また叱られるだけだと思ったのでしょう。

じゃあどうすれば？

「まず叱る」ではなく、「まずほめる」

「おしっこ」「指をはさんだ」「○○をこぼした」……、いずれも、教えてくれたおかげで本当は親は助かったのです。「おしっこ」と教えてくれたから、そのへんでおもらしされずにすんだのだし、「指をはさんだ」と教えてくれたから、適切に対処できるのです。二歳ごろまでは教えてもくれなかったはずです。

「親には何でも正直に言える子どもに……」と願っているならば、正直に言ったときに叱らないことです。「よくぞ教えてくれた！」と、ほめるくらいでちょうどいいのです。

クセ
11

気になったものは、手を加えずにはいられない

親子写生大会などで、お母さんと参加した子どもは、たいてい災難に遭《あ》います。「え〜、そんなふうになってるぅ?」と次々と否定されたり、「そうじゃないでしょ」と描いた線を消しゴムで消されたり、子どもはとにかく気持ちよく描くことができなくなってしまうのです。絵の具で塗る段になったときは、自分が色を作って次々に子どもに筆を渡すお母さんもいます。堂々と自分が塗っているお母さんもいます。いい作品を提出したいのではありません。お母さんは、子どものことでも何でも、気になることが目の前に起こると、少々手を加えてでも、つい自分が気にならない状態に修正しようとしてしまいがちなのです。子どもの夏休みの宿題をすぐに手伝うのもそのためかもしれません。自分が気にならない状態、つまり「子どもの宿題が片付いた」状態にしたいのです。

どうしてよくないの?

やる気を失う

お母さん方は「そんなこと思ってもいない」と言うかもしれませんが、手を加えることで伝わるメッセージは、「私は認めない」「それはダメ」、つまり相手を否定することです。手伝えない状況のとき(たとえば、先生が見ているなど)は、口から出るのはダメ出し言葉ばかりになってしまいがちです。自分が手伝えない分、子どもの手で、自分が気にならない状態にさせようとするのです。結果、お母さんが満足できる状態になったとしても、子どもはやる気や意欲を失ってしまいます。

じゃあどうすれば?

何もしなくてもOK

少々気になることがあっても、アドバイス程度にとどめるか、極端な話、何もしなくてもいいのです。その写生大会も、もしもその場にお母さんがいなければ、子どもはそのまま描いてそのまま提出しています。何も問題のない絵が出来上がっています。保育参観のとき、子どものシャツが出ているとお母さんは気になってすぐに入れに来ますが、お母さんのいない普段の日は、子どもはそのままです。でも、何も不都合は起こりません。子どものことで、気になることは毎日たくさんおありでしょうが、そのほとんどは、何もしなくても大丈夫なのです。

クセ 12

すぐに「ごめんなさい」を言わせる

子どもがだれかをたたいた、人のおもちゃを取った、お友だちの列に割り込みをした……など、子どもが何か悪いことをしたり、過《あやま》ちを犯したりしたとき、親は「ごめんなさいは?」と、無理にでも謝らせようとすることがあります。悪いことをしたら謝るのは当然だし、それは正しい「しつけ」のようにも思えるかもしれません。でも子どもは、意地でも言わないことがよくあります。特に男の子に多いようです。

納得できないことには謝れないのです。親は、わが子が強情な子どもになったような気がし、親も意地になって、言うまで怒り続けることもあります。でも、それでは「しつけ」ではなく「おしつけ」になってしまいます。

どうしてよくないの？

納得ができない

子どもの行動は、どんなときでも裏に事情があるものです。たたいたのは、先に嫌なことを言われたりされたりしたのかもしれません。横取りしたのは、どうしてもほしかったからかもしれません。割り込みをしたのは、「並ぶ」という意味がわからなかっただけかもしれません。「ごめんなさい」は、子どもでも大人でも、自分もそれが悪かったと思い、納得して、初めて言える言葉です。自分は悪くはない、と思っているときに無理に謝らされるのは、特に男（の子）にとっては屈辱なのです。

じゃあどうすれば？

事情はくんだうえで謝らせる

事情があったとしても、たたくのは悪いし、横取りするのも、割り込みをするのも悪いことです。謝ったほうがいいかもしれません。「ごめんね」を言わせるのはいいのです。事情を無視するのがよくないわけです。「悔しかったね、イヤだったね、でも、たたくのはいけないね、ごめんね言おうか」、これでいいのです。「あ、僕の気持ち、わかってくれてるじゃん！　なら、謝っちゃおうかな」となってきます。事情なんていいから、とにかく「ごめんね」を言わせたい、というのはあまりよくありません。

クセ 13

言うことを聞かないとき「イヤなこと」を言う

リビングでいつまでもテレビを見ているとき、わざと電気を消して「おばけが来るよ」。公園で遊んでおうちに帰ろうとしてもなかなか帰ろうとしないとき、「さようなら、もう置いていくからね」。おもちゃをなかなか片付けないとき、「もう捨てるからね」……。

子どもがなかなか言うことを聞かないとき、お母さんは、そういう「イヤなこと」を言って、強引に言うことを聞かせようとすることが多いようです。でも、子どもはそんなことをされたり言われたりしながら従わされるのは、本当はとてもイヤなのです。「お母さんの意地悪!」と言った子どももいます。そう、子どもにとっては、まさに「意地悪」のように思えるのです。

どうしてよくないの？

ますます言うことを聞かなくなる

確かにそれで言うことを聞くようになるかもしれませんが、そのとき言うことを聞いた理由は、「それを避けたいから」です。でもそれでは、そういうことが待っていないと言うことが聞けなくなってしまいます。また、「もう置いていくからね」と言いながらも、本当に置いていかれることはなく、それらすべてが「脅《おど》し」だとわかったとき、この方法はもう使えなくなってしまいます。すると、ますます言うことを聞かなくなってしまいます。

じゃあどうすれば？

言うことを聞いたときにほめる

普段から、言うことを聞かないときに叱るのではなく、言うことを聞いたときにさりげなくほめるようにしておくと、子どもは少しずつ指示に素直に従うようになってきます。先の例だと、言われて素直にテレビを消したときにほめる、公園で素直に遊びをやめたときにほめる、おもちゃを片付けないときに叱るのではなく、素直に片付けたときにほめる、というわけです。言うことを聞くと自分が認められる、という経験を繰り返すと、子どもは断然言うことを聞くようになってきます。

クセ14

すぐに、「そんなことしなくっていいの！」と言う

お母さんと一緒の親子を見ていると、子どもがお母さんに**「そんなことしなくっていいの！」**と言われている場面をよく見かけます。たとえば、スーパーの買い物カート置き場で子どもがちょっとカートを整理しようとしていると、「そんなことしなくてもいいの！」、さんぽ中でも、子どもがちょっと小高いところに上がっただけで、「そんなところに上がらなくっていいの！」、本屋さんで、落ちそうな本を見つけて棚に戻そうとしていると、「そんなことしなくっていいの！」……。

確かにそれらは「しなくてもいい」ことばかりです。でも、私から見たら、「しなくてもいいこと」であると同時に、別に「してもいいこと」ばかりに思えてならないのです。

どうしてよくないの?

子どものいい面を奪っていく

子どもが行なった「しなくてもいい」ことのひとつひとつを見てみると、実は共通点があります。好奇心や冒険心でやった、親切でやった、子どもなりの配慮でやったなど、その動機は実はすばらしいものであることが多い、ということです。子どもの行なったことを「しなくてもいい」ことと決めつけ、それをさせまいとしていくと、好奇心、主体性、思いやり、気づく力など、子どもの持つすばらしいものを、子どもからドンドン奪ってしまうことになります。

じゃあどうすれば?

「してもいいこと」ならばさせてやる

お母さんが「しなくてもいいの」と言ったものは、「してもいいこと」が多いものです。さっきの例もすべて「しなくてもいいこと」かもしれませんが、「してもいいこと」でもあると思います。見方によれば、むしろほめられるべきことだったかもしれないのです。それをされると時間のロスになるなど、お母さんの不都合につながることがあるかもしれませんが、そこで少しでもさせてあげると、特に男の子は、自分の行動に自信がつき、積極的な子どもになっていきます。

クセ 15

子どもの小さな希望を叶えてやらない

お母さんは、普段、子どものごくささやかな希望でさえ、案外叶《かな》えてあげていないということにお気づきでしょうか？　たとえば電車に乗るとき、子どもは「一番前（の車両）に乗りたい」と言うことがありますが、そこで「じゃあ」と言って移動するお母さんは少ないものです。たいていは「ここでいいでしょ」。お店で赤い風船と青い風船を配っていて、「青がいい」と子どもが言うと「どっちでもいいの！」。食事中、お茶のおかわりを要求すると「お茶ばかり飲んだらダメ！」。子どもの希望にいちいち逆らい、まるでその希望がとんでもない要求であるかのような態度を子どもにとることが多いのです。子どもは、そのたびにとても悲しい思いをしています。

どうしてよくないの？

子どものストレスが蓄積される

大人も小さな希望は毎日たくさん抱いていますが、そのほとんどは自力で叶えています。街の中で赤と青の試供品が配られていたら好きな色を勝手に選んでいるし、食事中お茶がほしくなれば、自分で好きなだけおかわりしています。もしもそのとき「どっちでもいいの！」「お茶ばかり飲んだらダメ！」なんて言われたらどうでしょう？「こうしたい」という小さな望みが叶わないとき、人はストレスがたまります。子ども、特に男の子の場合、かんしゃくや荒っぽい行動が出たりします。

じゃあどうすれば？

小さな望みは叶えてあげる

普段、自分の小さな希望は、自力でなんなく叶えている大人は、そんな小さな望みすら自力では叶えられない子どものつらさがわかっていないのです。

右のページのような、別にわがままでも何でもない望み、子どもの好奇心や探究心からくる望みは、叶えてあげるのです。すると子どもは、満足感を味わいます。満足感を味わうと、子どもは心が落ち着きます。心が落ち着くと、行動も落ち着くのです。ただし、「買ってえ」など、お金で叶えられる望み、公共の迷惑につながるかもしれない望みなどは、必ずしも叶えてやる必要はありません。

クセ
16

（子どもが）九十点でも、残る十点の部分が気になる

たとえば子どものテストの点数が九十点だったとき、○《マル》の部分ではなく、一番に×《バツ》の部分に意識がいってしまうお母さんが多くいます。そんなお母さんは、こうなってしまいます。**「なんでこんなところ間違ったの!?」「どうしてこれが△△なのよ、考えたらわかるでしょ！」**……九十点も取っているのに、否定言葉のオンパレードになるのです。

テストでなくても、お母さんたちは、子どもの性格、行動など、子どもに関することは全体を見ないで、まずそこにそなわる欠点、満足できないところを先に見つけ、すぐにそれを口に出して言うところがあります。だから子ども、特に男の子は、毎日、何をしても怒られていることが多いようです。

どうしてよくないの？

本心が伝わらない

「近ごろの母親は……」なんてよく言われますが、私は「近ごろの母親」も点数で言えば八十点、九十点だと思っています。毎日本当によく頑張っているし、どんなお母さんでも本当に子ども思いだからです。十点、二十点欠けるところも確かにありますが、講演会などでいきなりその欠点を言ったりはしません。そんなことをしたら、お母さんたちは私に「認められていない」と感じ、私の本心、つまり、本当は九十点の評価をしていることが伝わらないからです。子どももまったく同じです。

じゃあどうすれば？

評価したうえで「お小言」を言う

子どもに関することが、点数でいえば仮に八十点だったなら、まず足らない二十に目を向けるのではなく、八十のほうを見て、まず八十認め、そのうえで足らない二十を言えばいいのです。たとえば、あいさつの声が小さかったとしても、あいさつができたことはほめ、そのうえで「次は元気よくね」とでも言うのです。

子どもは、「お小言は言われたけれど、自分のことを認めてもらえている」と思います。本当は九十点のことをしているのに、何もほめられず、十の文句しか言われないならば、子どもはもうやる気を失います。

クセ
17

子どもが何かを訴えると、その原因を言って叱る

子どもが何かを訴えてきたとき、どんな言葉を返しているか、ちょっと思い出していただけますか？　すぐにその原因を探る言葉しか返していないことはないでしょうか。たとえば、子どもが「おなかが痛い」と言えば、**「さっきあんなに冷たいものばかり食べるからでしょ！」**。冬のさんぽ中、「寒～い」と言えば、**「上着を着てこないからでしょ！」**。走って転んで「痛～い」と言うと、**「走るからよ！」**。聞かれてもいない原因ばかりを伝え、叱《しか》るのです。

子どもは、文句や要求は一切言っていません。「痛い」「寒い」と、ただ感じたことを言っただけなのです。怒られるという意外な展開にびっくりし、それまで泣いてはいなかったのに、その言葉で泣いたり怒ったりする子どもも出てきます。

どうしてよくないの？

子どもにはダブルの痛手

子どもはおなかが痛いから「おなかが痛い」と言っただけだし、寒く感じたから「寒い」と言っただけです。「その原因が知りたい」なんて言ってはいないのです。「何か薬はない？」「マフラーはないの？」などの文句も一切言っていません。子どもはそのとき「痛い」「寒い」と、ただでさえつらいのに、追い討ちのようにしてそんな冷たい言葉を（しかも大好きなお母さんから）かけられると、そのダメージは倍増し、さらに悲しくなってしまいます。

じゃあどうすれば？

その言葉を認めよう

もしも友人や知人が「おなかが痛い」と言ったら、「冷たいものばかり食べるからよ」とは言いません。「大丈夫？」とやさしい言葉を返すはずです。すれ違った人が「寒いですね」と言ったなら、「コートを着ていないからですよ！」とは言わず、自分は寒くなくても「本当ですね」と、その言葉を認めます。子どもがほしかったのは、まさにそんな言葉だったのです。「大丈夫？」でいいのです。「ホントね」でいいのです。そのあと「でも我慢しようね」とでも言おうものなら、かわいく「うん」と答えます。

クセ
18

子どもを怒るとき、名前を連呼するだけ

街の中で、あるいは病院で、子どもを叱るお母さんの姿をよく見かけます。でも、そのとき、たとえば「こらっ！　ゆうきっ！」「ま・さ・あ・きっ！」などと、単に名前だけを呼んで、叱っているつもりのお母さんをよく見かけます。言い方や声色だけを次々と変え、名前だけを連呼する、という叱り方もあります。子どもは、最初こそ、何かの用事で呼ばれたんだと思い、親のほうを見ますが、なーんだ、怒っているだけか、とわかると、やめないでそのまま続けることが多いようです。

どうしてよくないの？

名前は叱るためにあるのではない

名前を連呼し、「何度言ったらわかるの！」とまで言うお母さんもいるのですが、「何度言ったら」と言われても、名前しか呼ばれていない子どもにとってはまさに「なんのこと？」。名前以外何も言われていないのだから、「言うこと」の聞きようもありません。子どもの名前は、親の愛情を伝えるためにあるのです。自分の名前が呼ばれるのは、いつも叱られるとき……では、子どもがかわいそうです。人は、自分の名前はやさしく呼んでほしいと思っています。

じゃあどうすれば？

こちらの望むことを具体的に伝える

親が子どもの名前を呼んで叱るときは、「何かをやめさせたい」「してはいけないことをしている」というようなときです。ならば、それを具体的に言えばいいのです。つまり、「ゆうきっ！」ではなく、「それはさわったらダメ」、「ま・さ・あ・きっ！」ではなく、「こっちへ戻っておいで」と具体的に言うのです。子どもにも、どうすることを求められているのかがよくわかります。名前を呼ばれただけでは、それがわからないのです。子どもはなんでもわかりやすく言われれば、聞く耳は意外と持っています。

クセ 19

ジェンダー（男らしさ・女らしさ）にとらわれる

あるアンケートで、保育園で働く先生たちに「男性保育者と女性保育者で、役割の違いはありますか？」と質問したところ、何と九二％もの人が「いいえ」と答えました。男（女）だから……、という考え方はもう古く、いまは多くの人が性別による役割はないと答えます。

が、それはアンケートの中だけで、いざ自分に子どもができると、**「うちの子は男の子なのに、◎◎ばかりする」「男のクセに、ぜんぜん△△しない」**など、いわゆる「男（女）らしさ」にけっこうこだわっています。先のアンケートでも、次の設問は「男性保育者に求めるものは？」だったのですが、あれだけ男女差はないと言いながら、「子どもと体を使って遊ぶ」「お父さん的役割」……、と見事に「男性としての役割」が書かれていました。

どうしてよくないの？

わが子に、否定的な言葉が出やすくなる

「男の子はこうでなくちゃ」「女の子はそんなことはしてはいけない」などの、いわゆるジェンダー的な思想にとらわれていると、子育てで一番大切な「子どもの姿をありのまま認める」ということができなくなってしまいます。そうすると、わが子に対し、どうしても否定的な言葉や叱り言葉が出やすくなってしまいます。わが子はわが子、という見方ができないでいると、子どもに押しつけるものが増え、子どもはだんだん窮屈《きゅうくつ》になってしまいます。

じゃあどうすれば？

ジェンダーを意識しない

「男（女）は男（女）らしく」という考え方は、私はある意味いいことだと思います。先のアンケートでもわかるように、なんだかんだ言いながら、結局はみんな男性には男性の役割を、女性には女性の役割を求めているのです。でも、その枠からはずれた人が目の前に現れた場合、否定せず、それはそれで認めることが大切なのです。わが子が男らしく（あるいは男の子らしく）ないのは変でもなんでもなく、それが「わが子」なのです。子どもは、ありのままの姿を認めてやるのが一番なのです。

クセ 20

ジェンダーにとらわれまいとする

「男は男らしく、女は女らしく」という、いわゆるジェンダー的な考え方に異を唱える人は、父親よりも母親に多くいます。これまで女性は、世の中にそんな考え方がはびこっていたおかげで自分の行動が狭められたり、窮屈な思いをさせられたことが、男性よりも断然多かったからかもしれません。わが子には、絶対にそういうことのないよう、子どもが小さなころから、男女で差が出ない、もしくは決めつけない子育てをしようと心がけているお母さんは、結構多くいるものです。

でも、あまりにも男女差にこだわらない、いわゆるジェンダーフリーの考えで、男女で違いの出ないような子育てをしようとすると……かえってとんでもないことを子どもに押しつけたりすることもあるのです。

どうして よくないの ?

子どもの気持ちに反することをしがち

ままごと遊びは「女は家事」の考えを押しつけると、わが子にはままごと遊びは一切させないというお母さんを私は知っています。男は黒、女は赤と決めつけるのはおかしいと、ランドセルは自分の子ども(男の子)が欲しがっても黒は買わない、というお母さんもいます。ジェンダーフリー教育に熱心なある小学校の先生は、トイレであまりにも男の子がピンクを嫌うので、ブルーのスリッパを隠し、全部ピンクにしました。いずれも子どもは悲しんでいます。

じゃあ どうすれば ?

子どもの意思を尊重する

これまで大勢の子どもたちを見てきて思うのは、二、三歳を境に、男の子は自然にいわゆる男の子っぽいものを好きになり、女の子もやはり自然に女の子っぽいものを好きになる、ということです。私の娘は二、三歳のころ、消防車と怪獣が好きでしたが、私は何も言いませんでした。なのに自然に女の子のおもちゃに移行しました。大事なのは、親がコントロールすることではなく、子どもの意思を尊重し、自然に任せるということ。そして、いつもわが子の姿を丸ごと受け止める、ということだと思います。

第5章

子育て必須アミノ3《サン》

「必須アミノ酸」は人間の体に必要なものです。
でも子育てにも、なくてはならないものがあります。
3つあるので、私はこれを
「子育て必須アミノ3」と呼んでいます。

「子育てにはコレが大切！」と叫ばれているものは、たくさんあります。

たとえば《食育》。

「食事は手づくりで」「添加物は避けましょう」「毎日六つの基礎食品から三十品目をまんべんなく」「特に野菜は毎日二百グラム取りましょう！」

それができないから悩んでいるのに、そんなに簡単に言われても困りますよね。

たとえば《三歳まではテレビを見せないで》という意見。

「子どもの育ちに影響するから、三歳までは、たとえ教育番組でもとにかく映像はダメ！」というのです。

実際にはとうてい不可能で、これはいくぶん子どもの気持ちや母親への理解に欠ける、少々無責任な意見のように思います。

《子育てに必要なものはお金》という人もいます。

「子育てはお金がかかる。子どもがいる家庭には、政府は無条件で百万円を」

私も子どもが三人いるので、もし百万円ずつもらえるとうれしいですが、子育てで必要不可欠なのはお金、という意見にはどうもひっかかります。

いずれも「子育てに大切なもの」であることには違いないかもしれませんが、それらを実行しようと思えば、膨大な手間と時間とお金がかかります。

はっきり言って実現はむずかしく、親にとっても耳の痛い話ばかりです。

私は、仮にそれらが実現したとしても、そういう環境で育った子どもが、必ずしもいい子に育つとは全然思いません。

「お金持ち」が、「すばらしい食育」のもとで、「テレビも見せない」で、子どもを育てたとしても、次の三つのものがない限り、その子どもは、必ずしもいい子には育たないと思うのです。

その三つとは、

①十秒のかかわり
②八十点の常識
③笑い

です。

私は、親に、家庭に、この三つさえあったならば、その子どもは必ずいい子に育つと思っています。

この三つがあるのとないのとでは、子どもの姿、育ちは大きく変わってきます。

そこで、私はこの三つを「子育ての必須《ひっす》アミノ3《サン》」と呼んでいます。

これさえあれば、「食育」も、多少いい加減になってもいいと思うのです。

0歳から少々テレビを見せても、どうってことはありません。

お金のあるなしも関係ありません。

なのに、いい子になるのです。

お母さんへの吉報としては、これさえきちんとあるのなら、普段いくら子どもを怒っても大丈夫ということです。極端に言えば、第4章に書かれたような「お母さんのクセ」が全部出てしまってもいいのです。

実行するのに、お金も時間も労力も必要ありません。

にもかかわらず、その効果はバツグンで、子どもは必ずいい子に育ちます。

家庭に常備してほしい、まさに「必須アミノ3」です。

必須アミノ3 ❶ 十秒のかかわり
〜遊ぶ・話しかける・ほめる・手をつなぐ

子育てって、何をするにも手間と時間がかかると思っていませんか？

そう考えると何をするのもおっくうになり、かえって何もしなくなってしまいます。

子どもとのかかわりもそうです。

時間なんて全然かかりません。必要ないのです。

子どもはご存じのように「飽きるのが早い」のが特徴です。

それはどうしてかというと、子どもは「満足するのが早い」からなのです。

大げさに言うと、子どもはなんでも十秒で満足してしまいます。

たとえば、景色のいい展望台にのぼっても、子どもはその雄大な景色は十秒で満足し、気がつけば、もう後ろを向いて違うことをしたりします。

動物園に行っても、個々の動物は十秒も見るともう満足してしまうので、次々と檻を移動していきます。

私は、子どもはきっと、宇宙旅行に連れて行っても、きれいな地球の姿を見るのは十秒で満足し、すぐに計器やボタンをさわりまくって親に怒られるだろうなと思います。

落ち着きがないのではないのです。

飽きっぽいのでもありません。

少しで満足するのです。

もう一度言います。

子どもはなんでも十秒で満足します。

そのすばらしい特質を生かすのです。

子どもとのほんの十秒ほどのかかわりを毎日の生活の中に入れていくのです。

たった十秒で、子どもに大きな満足感を与えることができるのです。

子どもは心に満足感を抱けば、心そのものが安定します。

心が安定すれば、子どもは行動が落ち着きます。

十秒でもできるかかわりには、次のようなものがあります。

とても簡単です。

ぜひ、今日から実行してみてください。

すぐに効果があらわれます。

まずは、子どもの笑顔が目に見えて増えていきます。

遊ぶ

「子どもと遊んでやる時間がなくって……」と言うお父さんは多いものです。

でも、それは、言い訳です。

遊んでやる気がないのです。

子どもはパパに一時間も二時間も遊んでほしいとは思っていません。

十秒遊んでもらうだけでも満足するのです。

たとえば、仕事から帰って「ただいま」と言って食卓につくだけでは、子どもは喜びません。

でも、玄関に迎えに来た子どもを「それー」と言いながら十秒ほど抱っこしたり、腕にぶら下がらせたりするだけで、子どもは大満足します。

そんな十秒があったかなかったかは、その子どもに一生影響します。

たった十秒でも、「お父さんはいつも玄関先で抱っこしてくれた」と、一生覚えています。

そんな十秒は、いつでもどこでも作れます。

夜、寝る前でもいいし、駅で電車を待っている間などでもいいのです。

おんぶに抱っこに肩車、特に体を使った遊びを喜びますが、いくぶん体力が必要なので、そういう遊びはお母さんにはややむずかしいかもしれません。

でも、大丈夫です。

子どもが小さければ、たとえば突然「お鼻ツンツン、ほっぺツンツン」とするだけでも子どもは笑顔になります。

もう少し大きくなれば、突然「せっせっせ」や「あっち向いてホイ」を始めてもＯＫです。

ファーストフード店などでもらうおもちゃなども、「はい、おもちゃもらったよ」とただ渡して遊ばせるのと、親が十秒ほどかかわって一緒に遊ぶのとでは大違いです。

「ほら、こうやったら動くよ」「わあ、おもしろいね」……、たった十秒で、そのおもちゃに命が宿ります。

百円のおもちゃだったとしても、あっというまに一万円の値打ちはあるおもちゃになるのです。

いずれも、本当は十秒と言わず、一分でも二分でもかかわってほしいところですが、十秒と一分とでは、それほどその効果は変わらないのですが、十秒でもあったのとまったくないのとでは、その効果は百万倍違います。

そんな十秒が、一日の中のあちこちにあればいいのです。

三回よりも五回、十回よりも三十回というわけです。

その回数と子どもの満足感、満たされ感は、見事に比例します。

費やした時間は、一日三十回だったとしても合計わずか三百秒、つまりたったの五分です。

たった五分で、子どもは一生、「自分は親の愛情に満ちあふれた子ども時代を送った」と思うことができるのです。

話しかける

人と仲良くなる方法は、「話をすること」です。

街で人に道を聞いたときなどでも、ほんの十秒ほど話をしただけなのに、その人と仲良くなったような感じになり、親切な人なら、目的地のそばまで案内してくれることもあります。

まさに子どももがそうなのです。

子どもは、自分に話しかけてくれる人を、大好きになるのです。

幼稚園や保育園に実習にくる学生さんでも、子どもにすぐに何か話しかけている人はあっというまに子どもの人気者になり、その学生さんのまわりはいつも子どもでいっぱいになります。

「会話をする」なんてむずかしく考える必要もありません。

まず、こちらから話しかけるだけでいいのです。

何を話そうかなんて考える必要もありません。なんでもいいのです。

たとえば、子どもが何か怪獣のシールを持っていると、「うわ、その怪獣、なん

ていう名前？　かっこいいね」。

子どものシャツからおへそが出ているときも、「ほらほら、おへそが見えてるよ。風邪《かぜ》をひくからシャツをズボンに入れて」。

そんな他愛のない話でいいのです。

シールを持っていても無反応、おなかが出ていたら無言でシャツを入れる……だったときとは、大違いのリアクションを見せてくれます。

子どもが笑顔になるのです。

その点、お母さんはすばらしいなと思います。

話している言葉が何もわからない

はずの赤ちゃんにまで、すぐに話しかけています。

わが子が赤ちゃんのときに気づいたのですが、母親でなくとも、女性は赤ちゃんを抱っこすると、ほとんどの人は、「まあ、かわいい。お名前なんていうのかな？」「うわあ、重た〜い。ミルクたくさん飲んでるのかなあ」と、とにかく赤ちゃんに向けてよく話しかけるのです。

これには本当に感心しました。

問題は男性です。

同じように赤ちゃんを抱っこしてもらっても、よくて「ベロベロバ！」。ひどい人は、抱っこしたその手で、突然私と仕事の打ち合わせを始めたりもしました。

人のことは言えません。

私も、わが子が小さいとき、保育士という仕事をしていながら、食事を食べさせるときでも、無言でスプーンを口に持っていくことがありました。ある日、何か静かだなあと思ったら、だれもしゃべっていないことに気づき、慌《あわ》てて仕事のときのように、子どもにいろいろ話しかけながら食べさせた、ということもあります。とたんに子どもも笑顔になって話しだし、保育園のように賑《にぎ》やかな食事になったものです。

長話をする必要はありません。

これも、ほんの短い十秒ほどの話しかけでいいのです。

子どもがしゃべれる年齢ならば、そこから必ず笑顔の会話が広がります。

子どもは自分に話をしてくれる、ということがとてもうれしいのです。

それはその人が自分に関心を持ってくれている証拠、そしてその人に自分が愛されている証拠だということを子どもは知っているのです。

ほめる

人を喜ばす一番早い方法は「ほめること」です。

ほめられて気分が悪くなる人はいません。

時間をかけずに相手を幸せな気持ちにすることができます。

それこそ十秒もかからないのです。

「子どもはほめて育てよ」とよく言われますが、「子どもをほめすぎてはいけない」とも言われます。

でも、もともとほめ下手《べた》の私たち日本人は、ほめすぎに気をつけないといけないほど、人をほめていません。特に相手が子どものときは、ほめないといけないな、と意識してちょうどいいくらいなのです。

子どもへのほめ言葉のトップ4は「偉いね！」「かしこいね！」「じょうずね！」「スゴイね！」だと言われています。

でも、その言葉を言おうとするから、子どもをほめられないのです。

それらの「ほめ言葉」は、他人の子どもになら言いやすく、わが子には言いにくい言葉なのです。どこか他人行儀のところがあるほめ言葉だからです。だから子どもだけではなく、夫や妻にも「偉い」「かしこい」「じょうず」などは言いにくいはずです。

でも、子どもをほめるのはとても簡単です。

「偉いね」「かしこいね」なんて言う必要はありません。

子どもがやった行動を、そのまま言葉で言えばいいのです。

たとえば、ごはんを全部食べて、「ごちそうさま」と言ったなら、「残さないで食べたね」「ちゃんとごあいさつが言えたね」と、子どもが行なったことをそのまま言葉にするだけでいいのです。「全部食べて偉いね」「ごあいさつができてすごーい」なんて言わなくていいのです。

ただ、「全部食べたね」「ごあいさつ言えたね」とその事実を言っただけで、子どもはほめられたと思います。自分は認められた、と思うのです。

子どもはほめられたことは繰り返す「特性」があるので、ほめられたその行動は定着しやすくなります。

自分をほめたその人に対して強い愛着と信頼感を持つというのも、子どものすばらしい「特性」です。

そういう目で子どものすることを見ていると、子どもをほめるところはいくつも見つかります。

ポイントは、やって当たり前のことをほめるのです。「全部食べる」「ごちそうさまを言う」ということも、やって当たり前のことですが、それさえできないでいる子どももたくさんいます。十分にほめるに値することなのです。

さっきも言ったように、ほめるといっても「偉いね」「すごいね」ではありません。やったことをそのまま言葉で返せばいいのです。

時間も三秒ほどでＯＫです。十秒かからないのです。

効果もバツグンです。

子どもとのとてもいい関係ができあがります。

そして何より、子どもは自分自身に自信を持つようになります。

手をつなぐ

三歳くらいから、子どもは手をつないでもらうのが大好きになります。

幼稚園や保育園でも、みんなで輪になるときなど、先生の隣はプレミアポジションで、もう取りあいになります。

とにかくだれでもいいから手をつないでほしいのではありません。

自分が大好きな人に手をつないでもらいたいのです。

その中でも、子どもが一番手をつないでもらいたいのは、やはり自分の親です。

世界で一番好きなのだから、当然と言えば当然です。

一方、子どもと手をつなぐというのは、その子どものことを好きでないとなかなかできない行為です。

子どももそれを知っています。

親が手をつないでくれると、そのつど子どもは、自分が親から愛されていることを感じるのです。

実際、子どものことが大好きな親は、自然にわが子と手をつなごうとします。

どこかへ行ったら困るから……ではありません。好きだからです。

私はいろんな親子を見て、そのお父さん、お母さんが子どものことをどのくらい愛しているか、子育てを楽しめているかどうかを知るひとつの目安として、手をよくつないでいるかどうかをよく見ます。

子どもを保育園にお迎えに来て、外の自転車までのほんの十数メートルでも無意識に子どもと手をつなぐお母さん、駐車場で子どもを降ろし、スーパーに入るまでの数十メートルを、危険だからという理由ではなく、当たり前のように手をつないで歩くお父さん……、そんな親子を見ていると、ああ、あのお父さん、お母さんは子どものことが大好きなんだな、と、見ている私までがうれしくなってしまいます。

反対に、当たり前のようにして手をつながない親もいます。

車が危ないなど、つながざるを得ないようなときも、中には手をつなぐというよりも、手首を持って連行するようにして歩くお母さんもいます。

手はつながないで、口だけは「早く、早く」と言いながら、常に自分の数メートル後ろをついてこさせようとするお母さんもいます。そんなに急ぐのなら、数秒待てば子どもも追いつき、そこで手をつないでやれば早く行けるのに、どうやら手はつなぎたくないようです。

手をつなげば、そこからお互いの「好き好きエネルギー」が通い合い、その気持ちが通じ合うのです。

お母さんやお父さんと手をつないでもらった思い出とその感触は、一生覚えているものです。それは、その中に親の愛情がたくさん詰まっているからです。

子どもとはいつも手をつなごう、と言っているのではもちろんありません。

それこそ、十秒でもいいのです。

それだけでも子どもはうれしいのです。

自分が愛されていることを感じます。

こんな簡単な方法で、「親の愛情に満たされたい」という、子どもの一番の望みに応えてやることができるのです。

自分の手があいているときだけでいいのです。

自由に歩かせてやりたいとき、子どもが手をつなぎたくないときはもちろんつながなくてもＯＫ。

子どもが八歳くらいになるまでは、たくさん手をつないであげてほしいと思います。

必須アミノ3

❷ 八十点の常識

〜これがあるなら「わが家流の子育て」でOK!


お母さんというのは、本当に子育てに一生懸命です。

でも、一生懸命になればなるほど、自分の子育てに疑問を持つことがあります。

これでいいのかと、不安を感じてしまうのです。

そのため、いろんな育児書を読んだり、先輩ママに聞いたり、幼稚園、保育園の先生に聞いたりして、子どもにいいと思ったことは実践しようとするのはもちろん、そのためには、少々の不便や我慢もいといません。

でも、そんなにストイックにならなくても大丈夫です。

子育ては、自分が考えているとおりにすればいいのです。

ただし、ひとつだけ条件があります。でもこの条件さえ満たしているならば、子育てって本当に、自分がいいと思ったことを自信を持ってやればいいのです。

その条件とは……?

「親に常識がある」ということです。

と言っても、別に大げさな常識ではありません。

ごく普通の常識でいいのです。

普通の常識とは、たとえば電車の中で人の足を踏んだら「すみません」ときちんと謝る（「あ」しか言わない人が半分はいます）、ゴミはゴミ箱に捨てるか持ち帰る（かなりの人が高速道路の領収書を平気で窓からポイと捨てています）、そういうごく日常的な、ごく簡単な常識のことです。

赤信号では渡らない（特に子どもの見ているところでは）、集合時間を守る、人にはあいさつをする、電車内では携帯電話で話さない、などをきちんとすることも「ごく普通の常識」だと思います。

そんな「ごく普通の常識」のある人たちは、いわゆる「非常識なこと」が大嫌いです。してもいいよと言われてもしません。

もし親がそういうごく普通の常識がある人ならば、自身がする子育ても、ごく常識的な子育てを、ごく常識的なやり方でしているものです。

多少、間違った子育てをしていたとしても、たいていは許される範囲内です。

逆にさっきのようなことを平然とやってのける、いわゆる「非常識な人」は、必ずと言っていいほど、子育ても「非常識な子育て」をしているように思います。

たとえば、赤ちゃんがいるのに爪《つめ》を長く伸ばしている、赤ちゃんを抱きながらタバコを吸う、夜十時以降でも誘われたら子どもを連れてカラオケに行く、子どもにテレビを一日十時間くらい見せる、食事は毎晩コンビニ弁当……、そういう非常識なことを日常的に、しかも平気でするのです。

自分は点数で言えば、八十点以上の常識は持ちあわせているだろうなと思う人は、もう自信を持って、自分の考える子育てをしてほしいと思います。

子育てはやり方がいろいろあるものです。

でも、そんな「ごく常識のある人」が自分が選んだ子育て法は、だれが見ても「常識ある子育て」と思うようなものばかり選んでいるものです。

つまりどれを選んでも、間違いではないのです。

でも、私から見ると、いま、世の中は、八十点以下の常識しか持ちあわせていない人が、かなり増えてきたように思います。

それだけが心配です。

必須アミノ3 ③笑い ～子ども時代に十万回笑顔にさせよう！

笑いがあるところにはやさしさと、ほのぼのエネルギーが舞い降りてきます。

子どもが笑う、親が笑う。

親子で笑い合う、夫婦で笑い合う、きょうだいで笑い合う……、なんでもいいのです。

そこに笑いがあるということがすばらしいのです。

家族で笑い合うということがすばらしいのです。

笑いのある家庭で育った子どもは、必ずまっすぐに育ちます。

「子ども時代に十万回笑えば、その子どもは必ずいい大人になる」

私の持論ですが、これは間違っていないと自信を持って言うことができます。

大人と違って、いわゆる「作り笑い」のできない子どもは、「楽しい」「うれしい」「面白い」と感じたときにしか笑えません。

子どもの笑顔は心からの笑い、真の笑顔なのです。

子どもには、0歳から十歳くらいまでの十年の間に、ぜひ十万回笑ってほしいのです。十万回笑ったということは、「楽しい」「うれしい」「面白い」と感じることが十万回あった、つまり十万回幸せを感じたということです。

子ども時代に十万回の幸せを感じながら成長すれば、その子どもは、必ず「いい人」になると思うのです。

十万回と言えばすごい数字ですが、計算すると一日三十回でいいのです。

ごく普通の家庭に育てば、たいていの子どもはそれをクリアすると思います。

子ども時代に十万回笑うためには、家庭環境のハンデなどはまったく問題ないと思います。

たとえば、母子家庭で、お母さんひとりで育てたとしても、子どもを一日三十回笑顔にすることは十分可能です。

お母さんからのぬくもりのある、うれしいかかわりの中で毎日を過ごした子どもは、十万回は十分クリアできるのです。

「母親が働くのはよくない」「子どもが三歳までは母親はそばにいてやるべきだ」

などともよく言われますが、お母さんが働くと、子どもに一日三十回の笑顔をもたらすことができないかというと、そういうことは全然ありません。

この章の❶でも言いましたが、子どもは十秒のかかわりでも、笑顔になるのです。子どもを笑顔にする十秒をたくさんつくればいいだけです。

働いていても、十分に可能です。

働いていないのに、三十回どころか、三回の笑顔さえもたらすことのできないお母さんもたくさんいます。

最近、少年犯罪が起こるたび、人はその原因を「ゲーム」「パソコン」「テレビ」「人とのかかわり不足」「親の離婚」などに求める傾向があるのですが、ゲームばかりをしても、パソコンにのめりこみまくっても、親が離婚しても、そんなことをしない少年はたくさんいます。

必ずしも決定的な原因にはなっていないのです。

でも私は、各事件の少年の生い立ちを知るにつれ、ある共通するものがあることに気づきました。

それは、どの少年も「これでは子ども時代にとうてい十万回笑っていないだろうな」という生い立ちを持っている、ということです。

子どもを十万回笑顔にするのは、実は簡単です。

さっきの「うれしい・楽しい・面白い」のどれかを一日三十回感じさせればいいのです。

子どもは、それらをほんの少しでも感じると笑顔になります。「手をつないでもらう」「うれしい言葉、やさしい言葉をかけてもらう」など、ちょっとしたことですぐに笑顔になるのです。

キーポイントは「親」です。

親次第で、子どもの笑顔は一日三十回どころか三百回見ることもできるのです。

子どもは、子ども時代に、十万回でも百万回でも笑ってほしい。

心からそう願っています。

おわりに

幸せは「子ども持ち」にやってくる

「いまの悩みは、子どもが毎日どこに行っても『ママ、ママ』と言ってうるさいこと」と言ったお母さんがいました。

一方、「いま一番望むのは、もう一度『ママ』と呼んでもらうこと」と言ったお母さんもいました。交通事故でわが子を三歳で亡くしたお母さんです。あと一度でいいから子どもに「ママ」と呼んでもらいたいと言うのです。

そのお母さんは、子どもが「ママ」と言う、ごく当たり前のことが、実は当たり前ではなく、いかにぜいたくで、幸せなことであるかということを知っています。

「ママ、ママ」という子どもの声がうるさいのなら、いつでもかわってあげるとおっしゃるに違いありません。

子育ての中には、そういう「気づかないけれど本当は幸せなこと」がたくさん存在しています。

お片付けが下手、じっとできない、すぐに汚いことをする……、まさにこの本の第1章で紹介したような、数々の「あ〜あ」な出来事でさえ、本当はすべてお母さんのイライラのもとなんかではなく、実はとてつもなく幸せで、ある人にとっては、ぜひ味わってみたいと思うほどのすばらしい出来事であるかもしれないのです。

「とにかく大変」で、「苦労ばかり」のように思える子育てが、実は、もう一度経験したくなるほどのすばらしいものであったことがわかるのは、子どもが成人し、子育てが一段落ついたころのようです。

でも、そのころに気づくなんてもったいないことです。子どもが小さないまのうちに、ぜひ気づいてほしいと思います。

幸せは「お金持ち」にやってくるのではありません。「子ども持ち」にやってくるのです。

子育てができるって、本当に幸せなことなのです。男の子も女の子も、本当は全然関係ないのです。

二〇〇八年九月

原坂一郎

✪ 著者プロフィール ✪

原坂一郎（はらさか いちろう）

1956 年神戸に生まれる。'79 年関西大学社会学部卒業後、独学で保育士資格を取り、男性保育士の草分け的な存在となる。23 年間にわたる神戸市の保育所勤務を経て、現在は、子育てコンサルタントとして全国で講演・講座・執筆活動を行なっている。「怪獣博士」としても有名で、ウルトラヒーロー風にデザインされた自身の研究所は、マスコミにも大好評。2 階の「怪獣ミュージアム」は、地域の親子に無料公開されている。現在、KANSAI 子ども研究所所長、日本笑い学会理事、関西国際大学教育学部非常勤講師等を務める。
著書に『子どもがこっちを向く指導法』（ひかりのくに）、『子どもが振り向く子育てのスーパーテク 43』（中経出版）、『「言葉がけ」ひとつで子どもが変わる』（PHP 研究所）などがある。

★ 連絡先
KANSAI こども研究所　☎ 078・881・0152
http：//harasaka.com

お母さんのための
日本一わかりやすい 男の子の育て方の本

2008 年 10 月 3 日　第 1 版第 1 刷発行
2010 年 2 月 12 日　第 1 版第 10 刷発行

著　　者　原坂一郎
発 行 者　安藤　卓
発 行 所　株式会社PHP 研究所
東京本部　〒 102-8331　千代田区一番町 21
生活文化出版部　☎ 03-3239-6227（編集）
普及一部　☎ 03-3239-6233（販売）
京都本部　〒 601-8411　京都市南区西九条北ノ内町 11
普及二部　☎ 075-681-8818（販売）
PHP INTERFACE　http://www.php.co.jp/

印刷所・製本所　図書印刷株式会社

ISBN978-4-569-70147-9